부처님의 마지막 발자취
대반열반경

부처님의 마지막 발자취

대반열반경(D16)
Mahāparinibbāna Sutta(D16)

각묵스님 옮김

 초기불전연구원

그분
부처님
공양 올려 마땅한 분
바르게 깨달으신 분께 귀의합니다.

Namo tassa Bhagavato Arahato Sammāsambuddhassa

| 목차 |

약어 _ 8
들어가는 말 _ 9

첫 번째 바나와라 _ 13
  서언 _ 13
  왓사까라 바라문 _ 15
  나라가 쇠퇴하지 않는 법 _ 16
  비구가 퇴보하지 않는 법 _ 21
  사리뿟따의 사자후 _ 32
  계행이 나쁜 자의 위험 _ 38
  계를 가진 자의 이익 _ 39
  빠딸리뿟따의 건설 _ 40

두 번째 바나와라 _ 46
  네 가지 성스러운 진리[四聖諦] _ 46
  윤회를 벗어나 깨달음으로 향하는 자들 _ 48

법의 거울[法鏡]에 대한 법문 _ 51
마음챙김과 알아차림[正念正知] _ 55
암바빨리 기녀 _ 57
벨루와가마에서 안거를 하심 _ 62
자신과 법을 섬으로 삼고 귀의처로 삼아라 _ 66

세 번째 바나와라 _ 69
암시와 빛 _ 69
마라의 간청 _ 74
수명의 상카라를 포기하심 _ 81
대지가 진동하는 이유 _ 82
여덟 가지 회중 _ 87
여덟 가지 지배의 경지 _ 88
여덟 가지 해탈 _ 93
아난다의 간청 _ 98

네 번째 바나와라 _ 109
코끼리가 뒤돌아보듯 _ 109
네 가지 큰 권위 _ 112
대장장이의 아들 쭌다의 공양 _ 117
물을 떠옴 _ 122

뿍꾸사 말라뽓따의 일화 _ 124
광채가 나는 여래의 몸 _ 130

다섯 번째 바나와라 _ 135
한 쌍의 살라나무 _ 135
우빠와나 장로 _ 137
네가지 순례해야 할 장소 _ 141
아난다의 질문 _ 143
탑을 조성해 기릴 만한 사람 _ 145
아난다가 가진 경이로운 자질 _ 146
마하수닷사나 왕에 대한 말씀 _ 151
말라들의 친견 _ 152
수밧다 유행승의 일화 _ 155

여섯 번째 바나와라 _ 161
여래의 마지막 유훈 _ 161
여래의 반열반 _ 168
부처님 존체[尊體]에 예배함 _ 175
마하깟사빠 존자의 일화 _ 179
사리 분배 _ 185
사리탑의 건립 _ 190

약어

A	Aṅguttara Nikāya Aṭṭhakathā= Manorathapūraṇī(증지부 주석서)
AAṬ	Aṅguttara Nikāya Aṭṭhakathā Ṭīkā(증지부 복주서)
D	Dīgha Nikāya(장부)
DA	Dīgha Nikāya Aṭṭhakathā = Sumaṅgalavilāsinī(장부 주석서)
DAṬ	Dīgha Nikāya Aṭṭhakathā Ṭīkā(장부 복주서)
DPPN	G. P. Malalasekera's *Dictionary of Pali Proper Names*
M	Majjhima Nikāya(중부)
MA	Majjhima Nikāya Aṭṭhakathā = Papancasūdanī(중부 주석서)
MAṬ	Majjhima Nikāya Aṭṭhakathā Ṭīkā(중부 복주서)
PED	*Pāli-English Dictionary* (PTS)
S	Saṁyutta Nikāya(상응부)
SA	Saṁyutta Nikāya Aṭṭhakathā = Sāratthappakāsinī(상응부 주석서)
SnA	Suttanipāta Aṭṭhakathā(경집 주석서)
ThagA	Theraagathaa Aṭṭhakathā(장로게 주석서)
UdA	Udāna Aṭṭhakathā(감흥어 주석서)
Vin	Vinaya Piṭaka(율장)
Vis	Visuddhimagga(청정도론)
VṬ	Abhidhammattha Vibhavinī Ṭīkā(위바위니 띠까)

들어가는 말

'부처님이 입멸하셨다. 남은 우리는 무엇을 어떻게 해야 할 것인가?' — 이것은 부처님이 반열반에 드신 뒤에 남아있던 직계제자들이 가졌던 당연한 문제의식이었을 것이다. 그들은 부처님이 반열반 하시자 "아난다여, 그대들에게 '스승의 가르침은 이제 끝나 버렸다. 이제 스승은 계시지 않는다.'라는 이런 생각이 들지도 모른다. 아난다여, 그러나 그렇게 봐서는 안 된다. 아난다여, 내가 가고난 후에는 내가 그대들에게 가르치고 천명한 법과 율이 그대들의 스승이 될 것이다."(D16 §6.1)라는 부처님의 마지막 유훈을 가슴 깊이 간직하고 곧바로 부처님 말씀을 결집하는 대합송 작업에 들어갔다. 그 작업은 라자가하의 칠엽굴에서, 부처님께서 입멸하신 두 달 뒤에 시작하여 장장 7개월에 걸쳐서 이루어졌다고 한다.[1]

그리고 그들은 부처님의 마지막 행적도 소상히 합송하여 부처님의 위대한 발자취를 전승해주고자 했을 것이며, 그것이 제자 된 자들의 당연한 도리라 생각하였을 것이다. 이러한 배경에서 탄생한 것이 바로 『디가 니까야』 제2권의 「대반열반경」(D16)이다.

---

1) 여기에 대해서는 『디가 니까야』 제3권 부록 『장부 주석서』 서문 §69를 참조할 것.

"부처님의 마지막 발자취"라는 제목을 달아서 단행본으로 출간하는 본서는 이 「대반열반경」을 완역한 것인데, 본경은 세존께서 입적하시기 약 2년 전의 행적부터 시작해서 부처님 유체를 화장하여 사리를 분배하고 탑을 만든 것까지의 사실을 연대기적으로 기술하고 있는 경이다. 그리고 총 6개의 바나와라[2)]가 되는 많은 분량으로 이루어져 있다.

「대반열반경」은 4부 니까야 가운데 유일하게 연대기적인 관점에서 부처님의 마지막 발자취를 기술하고 있는 경이다. 본경은 부처님께서 입멸하시기 전 해부터 부처님이 입멸하신 뒤 화장하여 사리를 수습하는 일까지 연대기적인 기술로 부처님의 행적을 기술하고 있다. 부처님 직계 제자들이 인류의 위대한 스승의 마지막 발자취를 후대 제자들에게 상세히 전승해주고 싶었기 때문일 것이다. 그러다 보니 본경의 많은 부분은 『앙굿따라 니까야』나 『상윳따 니까야』의 짧은 경들과 일치하고 있다. 일치하는 부분들은 주해들에서 밝히고 있다. 본경은 우리의 큰 스승 부처님께서 마지막에 하신 말씀을 고스란히 담고 있기에 그 당시나 2600년이 지난 지금이나 불자들에게는 의미가 큰 가르침일 수밖에 없다.

---

2) '바나와라(bhāṇavārā)'란 '쉬지 않고 계속해서 외울 수 있는 만큼의 분량'을 말한다. 바나와라는 문자 그대로 '암송(bhāṇā)의 전환점(vāra)'이라는 말인데 경전을 외워 내려가다가 한 바나와라가 끝나면 쉬었다가 다시 외우는 것이 반복되고 그 다음 바나와라가 끝나면 또 다시 쉬었다가 시작한다. 한 바나와라는 8음절로 된 사구게(四句偈)로 250게송의 분량이라 한다. 그래서 총 4×8×250=8,000음절이 된다. 한편 삼장은 모두 2,547개에 해당되는 바나와라를 가진다고 한다.

내용으로 볼 때 「대반열반경」은 세존께서 반열반하시기 전 2년 동안에 하신 말씀을 모은 경이다. 그런 만큼 세존께서 마지막으로 제자들에게 하시고자 한 육성을 고스란히 간직하고 있는 경이라 하겠다. 그러므로 본경에 나타나는 여러 말씀은 불제자들이 가슴 깊이 새기고 그대로 실천하려 노력해야 할 것이다. 특히 마지막 제자인 수밧다에게 하신 '불교 교단에는 팔정도가 있기 때문에 진정한 사문의 집단'이라는 취지의 말씀과, 본경의 도처에서 마음챙김을 강조하신 점과, '방일하지 말고 [해야 할 바를 모두] 성취하라.'는 마지막 유훈은 우리가 가슴깊이 새겨야 할 말씀이라고 역자는 파악한다.

본경의 원제목은 "마하빠리닙바나 숫따(Mahāparinibbāna Sutta)"인데 역자는 원어에 충실하여 「대반열반경」(大般涅槃經)이라 직역하였다. 본경은 「유행경」(遊行經)으로 한역되어서 『장아함』의 두 번째 경으로 중국에 소개되었다. 그러나 본경은 동진(東晉)의 법현(法顯) 스님이 418년에 「대반니원경」(大般泥洹經)으로 번역한 것과 담무참(曇無讖, 385~433)이 421년에 번역한 것으로 전해오는 대승의 「대반열반경」(大般涅槃經) 등과는 그 체제나 내용이 완전히 다르다.

초기불전 시리즈의 세 번째 소책자로 발간하는 본서는 역자가 번역한 『디가 니까야』(전3권) 제2권에 포함되어 있는 「대반열반경」(D16)을 조금 더 다듬은 것이다. 역자는 인도에 유학 중이었던 96년에 『디가 니까야』를 초역하면서 「대반열반경」의 부처님 입멸에 관한 부분을 번역하고서는 한동안 맥이 빠져 다음 경을 읽을 수가 없어 애를 먹었던 적이 있다. 그 뒤부터 '부처님께서 돌아가셨다. 이제 나는 어떻게 해야 하나!'는 것은 빠알리 삼장의 국역 불사에 임하는

들어가는 말 *11*

역자의 기본 마음가짐이 되었다. 초기불전연구원의 역경 불사가 본격적으로 진행되고 있는 현 시점에서 그때의 절박했던 심정을 다시 새겨 더욱 간절한 마음으로 번역 작업에 매진하고, 아울러 독자 여러분들에게 부처님의 마지막 발자취를 전해드리고 싶어서 작년부터 「대반열반경」을 단행본으로 발간하려는 계획을 가졌다.

마침 며칠 전에 평소 초기불전연구원의 역경 불사를 격려해주시던 한 스님(이름을 밝히지 말라고 간곡하게 부탁하셔서 존함을 밝히지 않음)께서 역자와 대림 스님께 역경 작업을 하면서 개인적으로 필요한 데 사용하라고 금일봉을 주셨다. 평소 근검절약이 몸에 배인 분이 주신 것이라서 뜻있는 곳에 사용해야겠다고 다짐하고 본서를 발간하는 종자돈으로 삼아서 본서를 발간하게 되었다. 초기불전연구원을 아껴주시고 역경 불사를 격려해주시는 스님께 다시 한 번 감사의 말씀을 드리면서, 본서를 발간하는 것으로 역경불사에 대한 스님의 원력에 조그마한 보답을 하고자 한다.

끝으로 본경을 읽는 불자님들의 가슴에 부처님의 마지막 발자취와 유훈이 가슴 깊이 아로새겨지고 다함께 팔정도를 닦아 해탈·열반을 실현하는 튼튼한 발판을 만들게 되기를 발원하면서 글을 마무리 짓는다.

불기 2551(2007)년 3월

화림원에서
각묵 삼가 씀

부처님의 마지막 발자취

대반열반경(大般涅槃經)

Mahāparinibbāna Sutta(D16)

서언

1.1. 이와 같이 나는 들었다.[3] 한때 세존께서는 라자가하에서 독수리봉 산(영취산, 靈鷲山)[4]에 머무셨다. 그 무렵에 마가

---

[3] 이하 §1.5까지는 『앙굿따라 니까야』 제4권 「왓사까라 경」(A7:20)과 일치한다. 본경은 부처님의 마지막 발자취를 합송한 것이기 때문에 본경의 많은 부분은 이처럼 『앙굿따나 니까야』나 『상윳따 니까야』의 짧은 경들과 일치하고 있다. 일치하는 부분들은 아래의 주해들에서 밝히고 있다.

[4] '독수리봉 산'으로 옮긴 원어는 Gijjhakūṭa pabbata이다. 주석서에서는 "독수리(gijjha)들이 그곳의 봉우리(kūṭa)들에 살았다고 해서, 혹은 그곳의 봉우리가 독수리를 닮았다고 해서 독수리봉이다."(DA.ii.516)라고 설명하고 있다. 독수리봉 산은 라자가하를 에워싸고 있는 다섯 봉우리 가운데 하나이다. 독수리봉으로 올라가는 기슭에는 데와닷따가 부처님을 시해하려고 바위를 굴렸던 곳이 있으며(Vin.ii.193

다의 왕 아자따삿뚜 웨데히뿟따는 왓지5)를 공격하려 하고 있었다. 그는 이와 같이 말했다. "왓지가 이처럼 크게 번창하고 이처럼 큰 위력을 가졌지만 나는 왓지를 멸망시킬 것이고, 왓지를 파멸시킬 것이고, 왓지가 참극을 당하게 하고야 말 것이다."

1.2. 그리고 나서 마가다의 왕 아자따삿뚜 웨데히뿟따는 마가다의 대신인 왓사까라 바라문6)을 불러서 말하였다. "이

등) 이곳에서 설하신 경들이 다수 전해온다. 지금도 세계의 많은 불자들이 성지순례를 하는 곳이다. 특히 법화경이 설해진 곳이라 하여 대승불교권에서 신성시 하고 있다. 실제로 가보면 날개를 접은 독수리 모양을 한 바위가 있다.

5) 왓지(Vajjī)는 인도 중원의 16국 가운데 하나였다. 웨살리(Vesāli)를 수도로 하였으며 공화국 체제를 유지한 강성한 국가였다. 강가(Gaṅgā) 강을 경계로 하여 남쪽으로는 강대국 마가다가 있었다. 왓지국은 몇몇 부족들로 이루어졌다고 하는데 그 가운데서 릿차위(Licchavī)와 위데하(Videha)가 강성하였다고 하며, 브르하다란냐까 우빠니샤드에 의하면 바라문 전통에서 성군으로 칭송받는 자나까(Janaka) 왕이 위데하의 왕이었다. 부처님 당시에는 릿차위가 강성하여(MA.i.394.) 초기경에서는 릿차위와 왓지는 동일시되다시피 하고 있다. 웨살리에 대해서는 『디가 니까야』 제1권 「마할리 경」(D6) §1의 주해를 참조하고, 릿차위에 대해서는 같은 경 §3의 주해를 참조할 것.

6) 왓사까라 바라문(Vassakāra brāhmaṇa)은 여기서 나타나듯이 마가다의 아자따삿뚜 왕의 대신이었다. 율장의 문맥(Vin.iii.42ff)을 통해서 유추해 보면 그는 선왕 빔비사라 때도 대신이었던 것 같다. 『앙굿따라 니까야』에서도 세존과 나눈 대화가 나타나며, 『맛지마 니까야』 「소치는 목갈라나 경」(Gopaka-Moggallāna Sutta, M108)을 통해서 세존이 입멸하신 후에 불제자들은 누구를 의지하고 무엇을 의

리 오시오, 바라문이여. 그대는 세존께 가시오. 가서는 '세존이시여, 마가다의 왕 아자따삿뚜 웨데히뿟따는 세존의 발에 머리 조아려 절을 올립니다. 그리고 병이 없으시고 어려움도 없으시며 가볍고 힘 있고 편안하게 머무시는지 문안을 여쭙니다.'라고 내 이름으로 세존의 발에 머리 조아려 절을 올리고, 세존께서 병이 없으시고 어려움도 없으시며, 가볍고 힘 있고 편안하게 머무시는지 문안을 여쭈시오. 그리고 이렇게 말씀드리시오. '세존이시여, 마가다의 왕 아자따삿뚜 웨데히뿟따는 왓지를 공격하려 합니다. 그는 이와 같이 말했습니다. '왓지가 이처럼 크게 번창하고 이처럼 큰 위력을 가졌지만 나는 왓지를 멸망시킬 것이고, 왓지를 파멸시킬 것이고, 왓지가 참극을 당하게 하고야 말 것이다.'라고.' 그래서 세존께서 그대에게 설명해 주시는 것을 잘 호지하여 나에게 보고하시오. 여래들께서는 거짓을 말하지 않으시기 때문이오."

왓사까라 바라문

1.3. "그렇게 하겠습니다, 폐하."라고 마가다의 대신인 왓사까라 바라문은 마가다의 왕 아자따삿뚜 웨데히뿟따에게 대

지해야 하는지에 대해서 아난다 존자와 나눈 대화가 잘 알려져 있다. 본경 §1.26 이하에서는 같은 마가다의 대신인 수니다(Sunidha)와 함께 왓지를 공격하기 위해서 빠딸리 마을에 도시를 건설하는 감독관으로 나타나고 있다.

답한 뒤 아주 멋진 마차들을 준비하게 하고 아주 멋진 마차에 올라서 아주 멋진 마차들을 거느리고 라자가하를 나가서 독수리봉 산으로 들어갔다. 더 이상 마차로 갈 수 없는 곳에 이르자 마차에서 내린 뒤 걸어서 세존께로 다가갔다. 가서는 세존과 함께 환담을 나누었다. 유쾌하고 기억할 만한 이야기로 서로 담소를 하고서 한 곁에 앉았다. 한 곁에 앉아서 마가다의 대신 왓사까라 바라문은 세존께 이렇게 말씀드렸다. "고따마 존자시여, 마가다의 왕 아자따삿뚜 웨데히뿟따는 세존의 발에 머리 조아려 절을 올립니다. 그리고 병이 없으시고 어려움도 없으시며, 가볍고 힘 있고 편안하게 머무시는지 문안을 여쭙니다. 고따마 존자시여, 마가다의 왕 아자따삿뚜 웨데히뿟따는 왓지를 공격하려 합니다. 그는 이와 같이 말했습니다. '왓지가 이처럼 크게 번창하고 이처럼 큰 위력을 가졌지만 나는 왓지를 멸망시킬 것이고, 왓지를 파멸시킬 것이고, 왓지가 참극을 당하게 하고야 말 것이다.'라고."

나라가 쇠퇴하지 않는 법

1.4 그때 아난다 존자가 세존의 뒤에서 세존께 부채질을 해드리고 있었다. 그러자 세존께서는 아난다 존자를 불러서 말씀하셨다.

"(1) 아난다여, 그대는 왓지들이 정기적으로 모이고, 자주 모인다고 들었는가?"

"세존이시여, 저는 왓지들이 정기적으로 모이고, 자주 모인다고 들었습니다."

"아난다여, 왓지들이 정기적으로 모이고, 자주 모이는 한, 왓지들은 번영할 것이고 쇠퇴란 기대할 수 없다."

"(2) 아난다여, 그대는 왓지들이 화합하여 모이고, 화합하여 해산하고, 화합하여 왓지의 업무를 본다고 들었는가?"

"세존이시여, 저는 왓지들이 화합하여 모이고, 화합하여 해산하고, 화합하여 왓지의 업무를 본다고 들었습니다."

"아난다여, 왓지들이 화합하여 모이고, 화합하여 해산하고, 화합하여 왓지의 업무를 보는 한, 왓지들은 번영할 것이고 쇠퇴란 기대할 수 없다."

"(3) 아난다여, 그대는 왓지들이 공인하지 않은 것은 인정하지 않고, 공인한 것은 깨뜨리지 않으며, 공인되어 내려온 오래된 왓지의 법들을 준수하고 있다고 들었는가?"

"세존이시여, 저는 왓지들이 공인하지 않은 것은 인정하지 않고, 공인한 것은 깨뜨리지 않으며, 공인되어 내려온 오래된 왓지의 법들을 준수하고 있다고 들었습니다."

"아난다여, 왓지들이 공인하지 않은 것은 인정하지 않고, 공인한 것은 깨뜨리지 않으며, 공인되어 내려온 오래된 왓지의 법들을 준수하고 있는 한, 왓지들은 번영할 것이고 쇠퇴란 기대할 수 없다."

"(4) 아난다여, 그대는 왓지들이 왓지의 연장자들을 존경하고 존중하고 숭상하고 예배하며, 그들의 말을 경청해야 한다고 여긴다고 들었는가?"

"세존이시여, 저는 왓지들이 왓지의 연장자들을 존경하고 존중하고 숭상하고 예배하며, 그들의 말을 경청해야 한다고 여긴다고 들었습니다."

"아난다여, 왓지들이 왓지의 연장자들을 존경하고 존중하고 숭상하고 예배하며, 그들의 말을 경청해야 한다고 여기는 한, 왓지들은 번영할 것이고 쇠퇴란 기대할 수 없다."

"(5) 아난다여, 그대는 왓지들이 [남의] 집안의 아내와 [남의] 집안의 딸들을 강제로 끌고 와서 [자기와 함께] 살게 하지 않는다고 들었는가?"

"세존이시여, 저는 왓지들이 [남의] 집안의 아내와 [남의] 집안의 딸들을 강제로 끌고 와서 [자기와 함께] 살게 하지 않는다고 들었습니다."

"아난다여, 왓지들이 [남의] 집안의 아내와 [남의] 집안의 딸들을 강제로 끌고 와서 [자기와 함께] 살게 하지 않는 한, 왓지들은 번영할 것이고 쇠퇴란 기대할 수 없다."

"(6) 아난다여, 그대는 왓지들이 안에 있거나 밖에 있는 왓지의 탑묘7)들을 존경하고 존중하고 숭상하고 예배하며, [탑묘에] 전에 이미 바쳤고 전에 이미 시행했던 법다운 봉납8)을 철회하지 않는다고 들었는가?"

"세존이시여, 저는 왓지들이 안에 있거나 밖에 있는 왓지의 탑묘들을 존경하고 존중하고 숭상하고 예배하며, [탑묘에] 전에 이미 바쳤고 전에 이미 시행했던 법다운 봉납을 철회하지 않는다고 들었습니다."

"아난다여, 왓지들이 안에 있거나 밖에 있는 왓지의 탑묘들을 존경하고 존중하고 숭상하고 예배하며, [탑묘에] 전에 이미 바쳤고 전에 이미 시행했던 법다운 봉납을 철회하지 않는 한, 왓지들은 번영할 것이고 쇠퇴란 기대할 수 없다."

"(7) 아난다여, 그대는 왓지들이 아라한들을 법답게 살피고 감싸고 보호해서 아직 오지 않은 아라한들은 그들의 영토에 오게 하며, 이미 그들의 영토에 온 아라한들은 편안하게 살도록 한다고 들었는가?"

"세존이시여, 저는 왓지들이 아라한들을 법답게 살피고 감싸고 보호해서 아직 오지 않은 아라한들은 그들의 영토에 오게 하며, 이미 그들의 영토에 온 아라한들은 편안하게 살도록

---

7) 탑묘는 cetiya의 역어이다. 아래 §3.1 주해를 참조할 것.
8) '봉납'으로 옮긴 원어는 bali이다. bali는 크게 두 가지 뜻으로 쓰인다. 하나는 제사에서 바치는 공물이나 희생이나 종교적 봉헌(물), 헌납을 뜻하고 다른 하나는 국가에서 거두어들이는 세금을 뜻한다. 여기서는 문맥상 봉납으로 옮겼다.

한다고 들었습니다."

"아난다여, 왓지들이 아라한들을 법답게 살피고 감싸고 보호해서 아직 오지 않은 아라한들은 그들의 영토에 오게 하며, 이미 그들의 영토에 온 아라한들이 편안하게 살도록 하는 한, 왓지들은 번영할 것이고 쇠퇴란 기대할 수 없다."

1.5. 그러자 세존께서는 마가다의 대신 왓사까라 바라문을 불러서 말씀하셨다. "바라문이여, 한때 나는 웨살리에서 사란다다 탑묘에 머물렀다. 나는 거기서 왓지들에게 이러한 일곱 가지 쇠퇴하지 않는 법들9)을 가르쳤다. 바라문이여, 이 일곱 가지 쇠퇴하지 않는 법들이 왓지들에게 정착이 되고, 이 일곱 가지 쇠퇴하지 않는 법들을 왓지들이 준수한다면, 왓지들은 번영할 것이고 쇠퇴란 기대할 수 없다."

이렇게 말씀하시자 마가다의 대신 왓사까라 바라문은 세존께 이렇게 말씀드렸다. "고따마 존자시여, 각각의 쇠퇴하지 않는 법 하나만으로도 왓지들은 번영할 것이고 쇠퇴란 기대할 수 없을 것인데, 일곱 가지 쇠퇴하지 않는 법들 전체는 말해 무엇 하겠습니까? 고따마 존자시여, 마가다의 왕 아자따삿뚜 웨데히뿟따는 전쟁으로는 왓지들을 정복할 수 없겠습니다. 그

---

9) 이들 일곱 가지를 현대적인 관점에서 보면 ① 민주적 절차 중시 ② 화합 ③ 준법정신 ④ 위계질서 ⑤ 건전한 성도덕 ⑥ 조상숭배 및 전통신앙 존중 ⑦ 종교인 존중으로 요약할 수 있을 것이다.

대신에 [왓지들의] 기만과 상호 불신10)을 획책해야겠습니다. 고따마 존자시여, 이제 저는 그만 물러가겠습니다. 저는 바쁘고 해야 할 일이 많습니다."

"바라문이여, 지금이 적당한 시간이라면 그렇게 하라."

그러자 마가다의 대신 왓사까라 바라문은 세존의 말씀을 기뻐하고 감사드린 뒤 자리에서 일어나 물러갔다.

비구가 퇴보하지 않는 법

1.6. 그러자 세존께서는 마가다의 대신 왓사까라 바라문이 물러간 지 오래지 않아서 아난다 존자를 불러서 말씀하셨다.

"아난다여, 그대는 가서 라자가하를 의지하여 머무르는 비구들을 모두 집회소로 모이게 하라."

"그러겠습니다, 세존이시여."라고 아난다 존자는 세존께 대답한 뒤, 라자가하를 의지하여 머무르는 비구들을 모두 집회소로 모이게 하고서 세존께 갔다. 가서는 세존께 절을 올리고 한 곁에 섰다. 한 곁에 서서 아난다 존자는 세존께 이렇게 말씀드렸다.

---

10) '기만'과 '상호 불신'의 원어는 각각 upalāpanā와 mithubhedā이다. 주석서에 의하면 세존께서 웨살리를 마지막으로 방문하신 지 3년 후에(즉 불멸 3년 후에) 왓사까라가 분열을 획책하여 왓지의 국력을 쇠잔하게 한 뒤 마가다의 군대가 공격하여 왓지를 정복하였다고 한다. (DA.ii.522)

"세존이시여, 비구 승가가 다 모였습니다. 이제 세존께서 [가실] 시간이 되었습니다."

그러자 세존께서는 자리에서 일어나셔서 집회소로 가셨다. 가서는 마련된 자리에 앉으셨다. 자리에 앉으셔서 세존께서는 비구들을 불러서 말씀하셨다.

"비구들이여, 그대들에게 일곱 가지 퇴보하지 않는 법들11)을 설하리라. 그것을 듣고 마음에 잘 새겨라. 이제 설하리라."

"그렇게 하겠습니다, 세존이시여."라고 비구들은 세존께 응답했다. 세존께서는 다음과 같이 말씀하셨다.

"(1) 비구들이여, 비구들이 정기적으로 모이고 자주 모이는 한, 비구들은 퇴보하는 일은 없고 오직 향상이 기대된다.

(2) 비구들이여, 비구들이 화합하여 모이고, 화합하여 해산하고, 화합하여 승가의 업무를 보는 한, 비구들은 퇴보하는 일은 없고 오직 향상이 기대된다.

(3) 비구들이여, 비구들이 공인하지 않은 것은 인정하지 않

---

11) '일곱 가지 퇴보하지 않는 법'으로 옮긴 원어도 satta aparihāniyā dhammā이다. 여기서는 비구들에게 적용되는 용어이기 때문에 쇠퇴-번영 대신에 퇴보-향상이라는 단어로 옮겼다. 왓지 족의 번영하는 일곱 가지 조목을 비구 승가에 바꾸어서 적용하고 계신다. 다시 말하면 비구들이 ① 민주적 절차 중시 ② 화합 ③ 계목준수 ④ 위계질서 ⑤ 욕망에 흔들리지 않음 ⑥ 한거 존중 ⑦ 도반 존중을 실천할 때 비구승단은 번영한다는 말씀이시다. 본 가르침은 『앙굿따라 니까야』 제4권 「비구 경」(A7:21)과 일치한다.

고, 공인한 것은 깨뜨리지 않으며, 공인되어 온 학습계목들을 준수하고 있는 한, 비구들은 퇴보하는 일은 없고 오직 향상이 기대된다.

(4) 비구들이여, 비구들이 승가의 아버지요 승가의 지도자인 구참(舊參)이요 출가한 지 오래된 장로 비구들을 존경하고 존중하고 숭상하고 예배하며, 그들의 말을 경청해야 한다고 여기는 한, 비구들은 퇴보하는 일은 없고 오직 향상이 기대된다.

(5) 비구들이여, 비구들이 다시 태어남을 가져오는 갈애가 생겼더라도 그것의 지배를 받지 않는 한, 비구들은 퇴보하는 일은 없고 오직 향상이 기대된다.

(6) 비구들이여, 비구들이 숲 속의 거처에 대해서 큰 관심을 가지고 있는 한, 비구들은 퇴보하는 일은 없고 오직 향상이 기대된다.

(7) 비구들이여, 비구들이 개인적으로 각각 마음챙김을 확립해서 아직 오지 않은 좋은 동료 수행자들은 오게 하고, 이미 온 좋은 동료 수행자들은 편안하게 머물도록 하는 한, 비구들은 퇴보하는 일은 없고 오직 향상이 기대된다.

비구들이여, 이러한 일곱 가지 퇴보하지 않는 법들이 비구들에게 정착이 되고, 이러한 일곱 가지 퇴보하지 않는 법들을 비구들이 준수한다면, 비구들은 향상할 것이고 퇴보란 기대할 수 없다."

1.7. "비구들이여, 또 다른 일곱 가지 퇴보하지 않는 법들을 설하리라.12) 그것을 듣고 마음에 잘 새겨라. 이제 설하리라."

"그렇게 하겠습니다, 세존이시여."라고 비구들은 세존께 응답했다. 세존께서는 이와 같이 말씀하셨다.

"(1) 비구들이여, 비구들이 [잡다한] 일을 하기를13) 즐겨하지 않고 [잡다한] 일을 하기를 기뻐하지 않고 [잡다한] 일을 하는 즐거움에 몰입하지 않는 한, 퇴보하는 일은 없고 오직 향상이 기대된다.

(2) 비구들이여, 비구들이 말하기를 즐겨하지 않고 말하기를 기뻐하지 않고 말하는 즐거움에 몰입하지 않는 한, 비구들은 퇴보하는 일은 없고 오직 향상이 기대된다.

(3) 비구들이여, 비구들이 잠자기를 즐겨하지 않고 잠자기를 기뻐하지 않고 잠자는 즐거움에 몰입하지 않는 한, 비구들은 퇴보하는 일은 없고 오직 향상이 기대된다.

---

12) 본 가르침은 『앙굿따라 니까야』 제4권 「일 경」(A7:22)과 일치한다.
13) 주석서에서는 잡다한 일(kamma)에 해당되는 것으로 옷을 찾아다니는 것, 옷을 만드는 것, 바늘 통, 발우집, 허리띠, 물거르개, 책상 등을 만드는 것 등을 들고 있으며, 혹은 이런 일로 온 종일을 보내는 것이라고 말한다. 그러나 이렇게 일 할 시간에는 이러한 일을 하면서도 강의(uddesa)시간에는 강의를 듣고, 독경(sajjhāya)시간에는 독경을 하고, 탑전(cetiyaṅga)에 참배할 시간에는 탑전에 참배를 하고, 주의를 기울여야 할 시간에는 주의를 기울이는 자는 [잡다한] 일을 하기를 즐기는 것(kammārāma)이 아니라고 설명하고 있다.(DA.ii.528)

(4) 비구들이여, 비구들이 무리지어 살기를 즐겨하지 않고 무리지어 살기를 기뻐하지 않고 무리지어 사는 즐거움에 몰입하지 않는 한, 비구들은 퇴보하는 일은 없고 오직 향상이 기대된다.

(5) 비구들이여, 비구들이 삿된 원(願)들을 갖지 않고 삿된 원들의 지배를 받지 않는 한, 비구들은 퇴보하는 일은 없고 오직 향상이 기대된다.

(6) 비구들이여, 비구들이 삿된 친구가 되지 않고 삿된 동료가 되지 않고 삿된 벗이 되지 않는 한, 비구들은 퇴보하는 일은 없고 오직 향상이 기대된다.

(7) 비구들이여, 비구들이 낮은 경지의 특별한 증득을 얻었다 하여 도중에[14] 포기해 버리지 않는 한, 비구들은 퇴보하는 일은 없고 오직 향상이 기대된다.

비구들이여, 이러한 일곱 가지 퇴보하지 않는 법들이 비구들에게 정착이 되고, 이러한 일곱 가지 퇴보하지 않는 법들을 비구들이 준수한다면, 비구들은 퇴보하는 일은 없고 오직 향상이 기대된다."

1.8. "비구들이여, 또 다른 일곱 가지 퇴보하지 않는 법들을 설하리라.[15] 그것을 듣고 마음에 잘 새겨라. 이제 설하리라."

---

14) "'도중에(antara)'란 아라한과(arahatta)를 얻지 않은 도중에라는 [뜻이다.]"(DA.ii.529)

"그렇게 하겠습니다, 세존이시여."라고 비구들은 세존께 응답했다. 세존께서는 이와 같이 말씀하셨다.

"비구들이여, 비구들이 (1) 믿음이 있는 한 … (2) 양심이 있는 한 … (3) 수치심이 있는 한 … (4) 많이 배우는 한 … (5) 열심히 정진하는 한 … (6) 마음챙김을 확립하는 한 … (7) 통찰지를 가지는 한, 비구들은 퇴보하는 일은 없고 오직 향상이 기대된다.16)

비구들이여, 이러한 일곱 가지 퇴보하지 않는 법들이 비구들에게 정착이 되고, 이러한 일곱 가지 퇴보하지 않는 법들을 비구들이 준수한다면, 비구들은 퇴보하는 일은 없고 오직 향상이 기대된다."

1.9. "비구들이여, 또 다른 일곱 가지 퇴보하지 않는 법들을 설하리라.17) 그것을 듣고 마음에 잘 새겨라. 이제 설하리라."

"그렇게 하겠습니다, 세존이시여."라고 비구들은 세존께 응답했다. 세존께서는 이와 같이 말씀하셨다.

"비구들이여, 비구들이 (1) 마음챙김의 깨달음의 구성요소를 닦는 한 … (2) 법을 간택하는 깨달음의 구성요소를 닦는

---

15) 본 가르침은 『앙굿따라 니까야』 제4권 「믿음 경」(A7:23)과 일치한다.
16) 이 일곱 가지는 『디가 니까야』 제3권 「합송경」(D33) §2.3에서 일곱 가지 성스러운 재산(dhana)으로 나타난다.
17) 본 가르침은 『앙굿따라 니까야』 제4권 「깨달음 경」(A7:24)과 일치한다.

한 … (3) 정진의 깨달음의 구성요소를 닦는 한 … (4) 희열의 깨달음의 구성요소를 닦는 한 … (5) 편안함의 깨달음의 구성요소를 닦는 한 … (6) 삼매의 깨달음의 구성요소를 닦는 한 … (7) 평온의 깨달음의 구성요소를 닦는 한, 비구들은 퇴보하는 일은 없고 오직 향상이 기대된다.[18]

비구들이여, 이러한 일곱 가지 퇴보하지 않는 법들이 비구들에게 정착이 되고, 이러한 일곱 가지 퇴보하지 않는 법들을 비구들이 준수한다면, 비구들은 퇴보하는 일은 없고 오직 향상이 기대된다."

1.10. "비구들이여, 또 다른 일곱 가지 퇴보하지 않는 법들을 설하리라.[19] 그것을 듣고 마음에 잘 새겨라. 이제 설하리라."

"그렇게 하겠습니다, 세존이시여."라고 비구들은 세존께 응답했다. 세존께서는 이와 같이 말씀하셨다.

"비구들이여, 비구들이 (1) 무상(無常)의 인식[20]을 닦는 한 … (2) 무아의 인식을 닦는 한 … (3) 부정(不淨)의 인식을 닦는 한 … (4) 위험의 인식을 닦는 한 … (5) 버림의 인식을 닦는 한

---

18) 이 일곱 가지는 일곱 가지 깨달음의 구성요소[七覺支]로 우리에게 잘 알려져 있다. 칠각지에 대한 상세한 설명은 『네 가지 마음챙기는 공부』 235~257쪽을 참조할 것.
19) 본 가르침은 『앙굿따라 니까야』 제4권 「인식 경」(A7:25)과 일치한다.
20) '무상의 인식(anicca-saññā)' 등에 대해서는 『앙굿따라 니까야』 제3권 「인식 경」1(A5:61) §2의 주해와 제4권 「영지(靈知)의 일부 경」(A6:35) §1의 주해를 참조할 것.

··· (6) 탐욕이 빛바램의 인식을 닦는 한 ··· (7) 소멸의 인식을 닦는 한, 비구들은 향상할 것이고 퇴보란 기대할 수 없다.21)

비구들이여, 이러한 일곱 가지 퇴보하지 않는 법들이 비구들에게 정착이 되고, 이러한 일곱 가지 퇴보하지 않는 법들을 비구들이 준수한다면, 비구들은 향상할 것이고 퇴보란 기대할 수 없다."

1.11. "비구들이여, 또 다른 여섯 가지 퇴보하지 않는 법들을 설하리라. 그것을 듣고 마음에 잘 새겨라. 이제 설하리라."

"그렇게 하겠습니다, 세존이시여."라고 비구들은 세존께 응답했다. 세존께서는 이와 같이 말씀하셨다.

"(1) 비구들이여, 비구들이 대중적으로나 개인적으로 동료 수행자들에 대해서 몸의 업으로 자애를 유지하는 한, 비구들은 향상할 것이고 퇴보란 기대할 수 없다.

(2) 비구들이여, 비구들이 대중적으로나 개인적으로 동료 수행자들에 대해서 말의 업으로 자애를 유지하는 한, 비구들은 향상할 것이고 퇴보란 기대할 수 없다.

(3) 비구들이여, 비구들이 대중적으로나 개인적으로 동료 수행자들에 대해서 마음의 업으로 자애를 유지하는 한, 비구들은 향상할 것이고 퇴보란 기대할 수 없다.

---

21) 이 일곱 가지도 「합송경」(D33) §2.3 (8)에서 일곱 가지 인식(saññā)으로 정리되어 나타난다.

(4) 비구들이여, 비구들이 법답게 얻은 법다운 것들은 그것이 비록 발우 안에 담긴 것일지라도 혼자 두고 사용하지 않고 계를 잘 지키는 동료 수행자들과 함께 나누어서 사용하는 한, 비구들은 향상할 것이고 퇴보란 기대할 수 없다.

(5) 비구들이여, 비구들이 훼손되지 않았고 뚫어지지 않았고 오점이 없고 얼룩이 없고 벗어나게 하고 지자들이 찬탄하고 들러붙지 않고 삼매에 도움이 되는 그런 계들[22]을 대중적으로나 개인적으로 동료 수행자들과 함께 구족하여 머무는 한, 비구들은 향상할 것이고 퇴보란 기대할 수 없다.

(6) 비구들이여, 비구들이 그대로 실천하면 괴로움의 소멸로 인도하며 성스럽고 출리(出離)로 인도하는 견해에 대해서, 대중적으로나 개인적으로 동료 수행자들과 함께 그런 견해를 구족하여 머무는 한, 비구들은 향상할 것이고 퇴보란 기대할 수 없다.

비구들이여, 이러한 여섯 가지 퇴보하지 않는 법들이 비구들에게 정착이 되고, 이러한 여섯 가지 퇴보하지 않는 법들을 비구들이 준수한다면, 비구들은 향상할 것이고 퇴보란 기대할 수 없다."

1.12. 참으로 이렇게 세존께서는 라자가하에서 독수리봉

---

22) 『청정도론』 I.152에 설명되어 있음.

산에 머무시면서 많은 비구들에게 법에 관한 말씀을 하셨다.
"이러한 것이 계다. 이러한 것이 삼매다. 이러한 것이 통찰지다. 계를 철저히 닦아서 생긴 삼매는23) 큰 결실이 있고 큰 이익이 있다. 삼매를 철저히 닦아서 생긴 통찰지는24) 큰 결실이 있고 큰 이익이 있다. 통찰지를 철저히 닦아서 생긴 마음은25) 바르게 번뇌들로부터 해탈하나니,26) 그 번뇌들은 바로 이 감각적 욕망에 기인한 번뇌와 존재에 기인한 번뇌와 무명에 기

---

23) "'계를 철저히 닦아서(sīla-paribhāvito)'라는 것은 그 계에 확립되어 도의 삼매와 과의 삼매를 얻는다는 말이다. 이것이 그 계를 철저히 닦아서 생기는 큰 결실이고 큰 이익이다."(DA.ii.537)
24) "그 삼매에 확립되어 도의 통찰지와 과의 통찰지를 얻는다. 이것이 그 삼매를 철저히 닦아서 생기는 큰 결실이고 큰 이익이다."(*Ibid*)
 복주서에서는 이러한 삼매는 '기초가 되는 禪의 삼매(pādakajjhāna-samādhi)'와 '[도의] 출현으로 인도하는 삼매(vuṭṭhāna-gāmini-samādhi)'라고 설명하고 있다.(DAṬ.ii.175)
25) "이러한 통찰지에 확립되어 도의 마음과 과의 마음을 생기게 한다. 그런 [마음을] 철저히 닦아서 바르게 번뇌들로부터 해탈한다."(DA.ii.537)
 복주서에서는 "'통찰지에 확립되어'라는 것은 '위빳사나의 통찰지나 삼매에서 생긴 위빳사나의 통찰지(samādhi-vipassanā-paññā)에 확립되어'라는 뜻이다. 사마타의 길을 가는 자는 삼매와 함께 하는 통찰지가 도를 실현하기 위한 특별한 조건이 되기 때문이다."(DAṬ.ii.175)라고 설명하고 있다.
26) 이처럼 불교 수행은 계→정→혜→해탈의 순서로 정리된다. 『디가 니까야』 제3권 「합송경」(D33) §1.11.(25)에서는 이 넷을 법의 무더기[法蘊, dhamma-kkhandha]라고 정리하고 있으며, 『디가 니까야』 제3권 「십상경」(D34) §1.6.⑩에서는 여기에다 해탈지견(解脫知見)을 첨가하여 다섯 가지 법의 무더기[五法蘊]라고 정리하고 있다.

인한 번뇌이다."[27]라고.[28]

1.13. 그때 세존께서는 라자가하에서 원하는 만큼 머무신 뒤 아난다 존자를 불러서 말씀하셨다. "아난다여, 이제 암발랏티까로 가자."

"그렇게 하겠습니다, 세존이시여."라고 아난다 존자는 세존께 응답했다. 그리하여 세존께서는 많은 비구 승가와 함께 암발랏티까에 도착하셨다.[29]

1.14. 세존께서는 거기 암발랏티까에서 왕의 객사에 머무셨다. 세존께서는 암발랏티까에서 왕의 객사에 머무시면서 많은 비구들에게 이러한 법에 관한 말씀을 하셨다. "이러한 것이 계다. 이러한 것이 삼매다. 이러한 것이 통찰지다. 계를 철저히 닦아서 생긴 삼매는 큰 결실이 있고 큰 이익이 있다. 삼매를 철저히 닦아서 생긴 통찰지는 큰 결실이 있고 큰 이익이 있다. 통찰지를 철저히 닦아서 생긴 마음은 바르게 번뇌들로

---

[27] 번뇌는 이처럼 3가지 번뇌로 정리되어 나타나기도 하고 여기에다 사견(邪見)의 번뇌가 첨가되어 네 가지 번뇌로 정리되어 나타나기도 한다. 번뇌에 대해서는 『디가 니까야』 제1권 「사문과경」 (D2) §97의 주해를 참조할 것.
[28] §1.12.의 이 정형구는 본경의 전체에서 각 장소에서의 상황이 끝날 때마다 반복해서 나타나고 있다.
[29] 본경 전체에서 세존이 한 장소에서 다른 장소로 이동하시는 것을 이런 정형구로 서술하고 있다.

부터 해탈하나니, 바로 이 감각적 욕망에 기인한 번뇌와 존재에 기인한 번뇌와 무명에 기인한 번뇌이다."라고

1.15. 그때 세존께서는 암발랏티까에서 원하는 만큼 머무신 뒤 아난다 존자를 불러서 말씀하셨다. "아난다여, 이제 날란다로 가자."

"그렇게 하겠습니다, 세존이시여."라고 아난다 존자는 세존께 응답했다. 그리하여 세존께서는 많은 비구 승가와 함께 날란다에 도착하셨다. 세존께서는 거기 날란다에서 빠와리까의 망고 숲에 머무셨다.

사리뿟따의 사자후

1.16. 그때 사리뿟따 존자가 세존께 다가갔다.30) 가서는 세존께 절을 올리고 한 곁에 앉았다. 한 곁에 앉아서 사리뿟따 존자는 세존께 이렇게 말씀드렸다.

---

30) 이하 §1.17까지는 『상윳따 니까야』 「날란다 경」(S47:12)과 꼭 같다. 그리고 이하 사리뿟따 존자의 이야기는 『디가 니까야』 제3권 「확신경」(D28)의 §1~2와 동일하다.
『디가 니까야 주석서』(DA.ii.549f)와 『상윳따 니까야』 「쭌다 경」(S47:13)과 그 주석서에 의하면 사리뿟따 존자는 마가다국의 날라까 마을에 있는 그의 고향집에 가서 어머니를 불교에 귀의하게 하고, 옛날 자기 방에서 세존보다 먼저 반열반(般涅槃)한다. 사리뿟따 존자의 일대기는 『사리뿟따 이야기』(고요한소리 간)에 상세하게 소개되어 있으므로 참조할 것.

"세존이시여, 저는 세존께 이러한 청정한 믿음이 있습니다. 바른 깨달음에 관한한 세존을 능가하고 세존을 초월하는 사문이나 바라문은 이전에도 없었고, 앞으로도 없을 것이며, 지금도 없습니다."

"사리뿟따여, 그대는 '세존이시여, 저는 세존께 이러한 청정한 믿음이 있습니다. 바른 깨달음에 관한 한 세존을 능가하고 세존을 초월하는 사문이나 바라문은 이전에도 없었고, 앞으로도 없을 것이며, 지금도 없습니다.'라고 이처럼 황소같이 우렁찬 목소리[31]로 말을 하고 확신에 찬 사자후를 토하는구나. 사리뿟따여, 그러면 그대는 '그분 세존들께서는 이러한 계를 가진 분들이셨다. 그분 세존들께서는 이러한 법을 가진 분들이셨다. 그분 세존들께서는 이러한 통찰지를 가진 분들이셨다. 그분 세존들께서는 이러한 머묾을 가진 분들이셨다. 그분 세존들께서는 이런 해탈을 성취한 분들이셨다.'라고 과거의 모든 아라한·정등각들을 마음으로 마음을 통하여 알았는가?"

"아닙니다, 세존이시여."

"사리뿟따여, 그러면 그대는 '그분 세존들께서는 이러한 계를 가진 분들이실 것이다. 그분 세존들께서는 이러한 법을 가

---

31) '황소같이 우렁찬 목소리'로 옮긴 원어는 āsabhi인데 문자적으로 '황소에 속하는 [음성]'이란 의미이다. 『디가 니까야』 제2권 「대전기경」(D14)에서는 '대장부다운'으로 옮겼는데 「대전기경」 §1.29의 주해를 참조할 것.

진 분들이실 것이다. 그분 세존들께서는 이러한 통찰지를 가진 분들이실 것이다. 그분 세존들께서는 이러한 머묾을 가진 분들이실 것이다. 그분 세존들께서는 이런 해탈을 성취한 분들이실 것이다.'라고 미래의 모든 아라한·정등각들을 마음으로 마음을 통하여 알았는가?"

"아닙니다, 세존이시여."

"사리뿟따여, 나는 지금 시대에 아라한·정등각이다. 그러면 그대는 '세존께서는 이러한 계를 가진 분이다. 세존께서는 이러한 법을 가진 분이다. 세존께서는 이러한 통찰지를 가진 분이다. 세존께서는 이러한 머묾을 가진 분이다. 세존께서는 이런 해탈을 성취한 분이다.'라고 [나에 대해서] 마음으로 마음을 통하여 알았는가?"

"아닙니다, 세존이시여."

"사리뿟따여, 그렇다면 참으로 그대에게는 과거와 미래와 현재의 아라한·정등각들에 대해서 [남의] 마음을 아는 지혜 [他心通]가 없다. 사리뿟따여, 그런데 어떻게 그대는 '세존이시여, 저는 세존께 이러한 청정한 믿음이 있습니다. 바른 깨달음에 관한 한 세존을 능가하고 세존을 초월하는 사문이나 바라문은 이전에도 없었고, 앞으로도 없을 것이며, 지금도 없습니다.'라고 이처럼 황소같이 우렁찬 목소리로 말을 하고 확신에 찬 사자후를 토하는가?"

1.17. "세존이시여, 제게는 분명 과거와 미래와 현재의 아라한·정등각들의 마음을 아는 지혜[他心通]가 없습니다. 그러나 저는 법다운 추론으로 알았습니다. 세존이시여, 예를 들면 왕의 국경에 있는 도시는 튼튼한 기초와 튼튼한 성벽과 망루를 가지고 있고, 하나의 대문을 가지고 있습니다. 거기서 지혜롭고 입지가 굳고 현명한 문지기가 모르는 자들은 제지하고 아는 자들만 들어가게 합니다. 그러나 그는 그 도시의 모든 통로를 다 순찰하면서 성벽의 이음매와 갈라진 틈으로 고양이가 지나다니는 것 까지는 보지 않습니다. 그에게 이런 생각이 들 것입니다. '이 도시를 들어오고 나가는 큰 생명체는 누구든 모두 이 대문으로 들어오고 나간다.'라고. 세존이시여, 그와 마찬가지로 저는 법다운 추론으로 알았습니다.

세존이시여, 과거의 모든 세존·아라한·정등각들께서는 다섯 가지 장애[五蓋]들을 제거하셨고, 마음의 오염원들을 통찰지로써 무력하게 만드셨고, 네 가지 마음챙김의 확립[四念處]에 마음이 잘 확립되셨으며, 일곱 가지 깨달음의 구성요소[七覺支]들을 있는 그대로 닦으신 뒤, 위없는 정등각을 완전하게 깨달으셨습니다.

세존이시여, 미래의 모든 세존·아라한·정등각들께서도 다섯 가지 장애들을 제거하시고, 마음의 오염원들을 통찰지로써 무력하게 만드시고, 네 가지 마음챙김의 확립에 마음이 잘 확립되시며, 일곱 가지 깨달음의 구성요소들을 있는 그대로 닦으신 뒤, 위없는 정등각을 완전하게 깨달으실 것입니다.

세존이시여, 지금의 세존께서도 아라한·정등각이시니 다섯 가지 장애들을 제거하셨고, 마음의 오염원들을 통찰지로써 무력하게 만드셨고, 네 가지 마음챙김의 확립에 마음이 잘 확립되셨으며, 일곱 가지 깨달음의 구성요소들을 있는 그대로 닦으신 뒤, 위없는 정등각을 완전하게 깨달으셨습니다."[32]

1.18. 세존께서는 거기 날란다에서 빠와리까의 망고 숲에 머무셨다. 세존께서는 날란다에서 빠와리까의 망고 숲에 머무시면서 많은 비구들에게 이러한 법에 관한 말씀을 하셨다. "이러한 것이 계다. 이러한 것이 삼매다. 이러한 것이 통찰지다. 계를 철저히 닦아서 생긴 삼매는 큰 결실이 있고 큰 이익이 있다. 삼매를 철저히 닦아서 생긴 통찰지는 큰 결실이 있고 큰 이익이 있다. 통찰지를 철저히 닦아서 생긴 마음은 바르게 번뇌들로부터 해탈하나니, 바로 이 감각적 욕망에 기인한 번뇌와 존재에 기인한 번뇌와 무명에 기인한 번뇌이다."라고.

1.19. 그때 세존께서는 날란다에서 원하는 만큼 머무신 뒤 아난다 존자를 불러서 말씀하셨다. "아난다여, 이제 빠딸리 마

---

[32] 사리뿟따 존자가 세존께 표하는 이러한 청정한 믿음이 『디가 니까야』 제3권 「확신경」(D28)의 내용이다. 자세한 것은 「확신경」(D28)을 참조할 것.

을로 가자."

"그렇게 하겠습니다, 세존이시여."라고 아난다 존자는 세존께 응답했다. 그리하여 세존께서는 많은 비구 승가와 함께 빠딸리 마을에 도착하셨다.

1.20. 빠딸리 마을의 청신사들은 세존께서 빠딸리 마을에 오셨다고 들었다. 그러자 빠딸리 마을의 청신사들은 세존께 다가갔다. 가서는 세존께 절을 올린 뒤 한 곁에 앉았다. 한 곁에 앉아서 빠딸리 마을의 청신사들은 세존께 이렇게 말씀드렸다. "세존이시여, 세존께서는 저희들의 공회당에 [머무실 것을] 허락하여 주시옵소서." 세존께서는 침묵으로 허락하셨다.

1.21. 그러자 빠딸리 마을의 청신사들은 세존께서 허락하신 것을 알고서 자리에서 일어나 세존께 인사드리고 오른쪽으로 [세 번] 돌아 [경의를 표한] 뒤에 공회당으로 갔다. 가서는 공회당을 덮개로 완전하게 덮고 자리를 준비하고 물 항아리를 마련하고 기름 등불을 매달고서 세존을 뵈러갔다. 세존을 뵙고 인사드리고 한 곁에 섰다. 한 곁에 서서 빠딸리 마을의 청신사들은 세존께 이렇게 말씀드렸다. "세존이시여, 공회당을 덮개로 완전하게 덮었고 자리를 준비하고 물 항아리를 마련하고 기름 등불을 매달았습니다. 세존이시여, 이제 세존께서 [가실] 시간이 되었습니다."

1.22. 그러자 세존께서는 옷매무새를 가다듬고 발우와 가사를 수하고 비구 승가와 더불어 공회당으로 가셨다. 발을 씻으시고 공회당으로 들어가셔서는 중간 기둥 곁에 동쪽을 향하여 앉으셨다. 비구들도 역시 발을 씻고서 공회당에 들어가서 서쪽 벽 근처에 동쪽을 향하여 세존을 앞에 모시고 앉았다. 빠딸리 마을의 청신사들도 역시 발을 씻고 공회당에 들어가서 동쪽 벽 근처에 서쪽을 보고 세존을 앞에 모시고 앉았다.

계행이 나쁜 자의 위험

1.23. 그러자 세존께서는 빠딸리 마을의 청신사들을 불러서 말씀하셨다. "장자들이여, 계행이 나쁘고 계를 파한 자에게 다섯 가지 위험이 있다. 무엇이 다섯인가? 장자들이여, 여기 ① 계행이 나쁘고 계를 파한 자는 방일한 결과로 큰 재물을 잃는다. 이것이 계행이 나쁜 자가 계를 파해서 얻는 첫 번째 위험이다. 다시 장자들이여, ② 계행이 나쁘고 계를 파한 자는 악명이 자자하다. 이것이 계행이 나쁜 자가 계를 파해서 얻는 두 번째 위험이다. 다시 장자들이여, ③ 계행이 나쁘고 계를 파한 자는 끄샤뜨리야의 회중이든, 바라문의 회중이든, 장자의 회중이든, 수행자의 회중이든, 그 어떤 회중에 들어가더라도 의기소침하여 들어간다. 이것이 계행이 나쁜 자가 계를 파해서 얻는 세 번째 위험이다. 다시 장자들이여, ④ 계행이 나

쁘고 계를 파한 자는 매(昧)해서 죽는다. 이것이 계행이 나쁜 자가 계를 파해서 얻는 네 번째 위험이다. 다시 장자들이여, ⑤ 계행이 나쁘고 계를 파한 자는 몸이 무너져 죽은 뒤에 처참한 곳, 불행한 곳, 파멸처, 지옥에 떨어진다. 이것이 계행이 나쁜 자가 계를 파해서 얻는 다섯 번째 위험이다."

계를 가진 자의 이익

1.24. "장자들이여, 계를 가진 자가 계를 받들어 지님에 다섯 가지 이익이 있다. 무엇이 다섯인가? 장자들이여, 여기 ① 계를 가지고 계를 갖춘 자는 방일하지 않은 결과로 큰 재물을 얻는다. 이것이 계를 가진 자가 계를 받아지님으로써 얻는 첫 번째 이익이다. 다시 장자들이여, ② 계를 가지고 계를 갖춘 자는 훌륭한 명성을 얻는다. 이것이 계를 가진 자가 계를 받아지님으로써 얻는 두 번째 이익이다. 다시 장자들이여, ③ 계를 가지고 계를 갖춘 자는 *끄샤뜨리야*의 회중이든, 바라문의 회중이든, 장자의 회중이든, 수행자의 회중이든, 그 어떤 회중에 들어가더라도 두려움 없이 당당하게 들어간다. 이것이 계를 가진 자가 계를 받아지님으로써 얻는 세 번째 이익이다. 다시 장자들이여, ④ 계를 지니고, 계를 갖춘 자는 매하지 않고 죽는다. 이것이 계를 가진 자가 계를 받아지님으로써 얻는 네 번째 이익이다. 다시 장자들이여, ⑤ 계를 지니고, 계를 갖춘 자

는 몸이 무너져 죽은 뒤에 선처 혹은 천상세계에 태어난다. 이 것이 계를 가진 자가 계를 받아지님으로써 얻는 다섯 번째 이익이다."

1.25. 그때 세존께서는 빠딸리 마을의 청신사들에게 밤이 깊도록 법을 설하시고 격려하시고 분발하게 하시고 기쁘게 하신 뒤 그들에게 떠날 것을 권하셨다.

"장자들이여, 밤이 참 아름답구나. 이제 그대들이 갈 시간이 되었구나."

"그렇게 하겠습니다, 세존이시여."라고 빠딸리 마을의 청신사들은 세존께 대답을 한 뒤 자리에서 일어나 세존께 절을 올리고 오른쪽으로 [세 번] 돌아 [경의를 표한] 뒤에 물러갔다.

빠딸리뿟따의 건설

1.26. 그 무렵에 마가다의 대신인 수니다와 왓사까라가 왓지들을 침략하기 위해서 빠딸리 마을에 도시를 건설하고 있었다. 그때 수천이나 되는 많은 신들이 빠딸리 마을에 터를 잡고 있었다. 그 지역에서 큰 위력을 가진 신들이 터를 잡고 있는 곳에는 왕의 측근 대신들 가운데 큰 위력을 가진 자들이 거기에 거처를 건설하도록 그 [대신]들의 마음을 움직였으며, 중간의 신들이 터를 잡고 있는 지역에는 왕의 측근 대신들 가운데 중간 정도의 위력을 가진 자들이 거기에 거처를 건설하도록

그들의 마음을 움직였으며, 낮은 신들이 터를 잡고 있는 지역에는 왕의 측근 대신들 가운데 낮은 위력을 가진 자들이 거기에 거처를 건설하도록 그들의 마음을 움직였다.

1.27. 세존께서는 인간을 넘어선 청정한 하늘눈으로 수천이나 되는 많은 신들이 빠딸리 마을에 터를 잡고 있는 것을 보셨다. 그러자 세존께서는 밤이 지나고 새벽이 되었을 때 일어나셔서 아난다 존자를 불러서 말씀하셨다.

"아난다여, 누가 지금 빠딸리 마을에 도시를 건설하고 있는가?"

"세존이시여, 마가다의 대신인 수니다와 왓사까라가 왓지들을 침략하기 위해서 빠딸리 마을에 도시를 건설하고 있습니다."

1.28. "아난다여, 마치 삼십삼천의 신들과 협의나 한 듯이 마가다의 대신 수니다와 왓사까라는 왓지들을 침략하기 위해서 빠딸리 마을에 도시를 건설하는구나. 아난다여, 여기서 나는 인간을 넘어선 청정한 하늘눈으로 수천이나 되는 많은 신들이 빠딸리 마을에 터를 잡고 있는 것을 보았다. 그 지역에서 큰 위력을 가진 신들이 터를 잡고 있는 곳에는 큰 위력을 가진 왕의 측근 대신들이 거기에 거처를 건설하도록 그들의 마음을 움직였으며, 중간의 신들이 터를 잡고 있는 지역에는 중간의 왕의 측근 대신들이 거기에 거처를 건설하도록 그들의 마음을

움직였으며, 낮은 신들이 터를 잡고 있는 지역에는 낮은 왕의 측근 대신들이 거기에 거처를 건설하도록 그들의 마음을 움직였다. 아난다여, 고귀한 사람들이 계속해서 머물고 상인들이 왕래를 계속하는 한, 이곳은 빠딸리뿟따라 불리는 [물품이 가득 든] 통을 풀어놓는33) 최고의 도시가 될 것이다.34) 아난다여, 빠딸리뿟따는 세 가지 재난을 가질 것이니 불로 인한 재난[火災]과 물로 인한 재난[水災]과 상호불신이다."

1.29. 그때 마가다의 대신 수니다와 왓사까라가 세존께 다가갔다. 가서는 세존과 함께 환담을 나누고 유쾌하고 기억할 만한 이야기로 서로 담소를 나누고 한 곁에 섰다. 한 곁에 서서 마가다의 대신 수니다와 왓사까라는 세존께 이렇게 말씀드

---

33) '[물품이 가득 든] 통을 풀어놓는'으로 옮긴 원어는 puṭa-bhedana (통을 부숨)이다. 주석서는 이렇게 설명한다.
 "'통을 부숨(puṭabhedana)'이란 물품(bhaṇḍa)이 든 통을 부수는 곳, 물품 더미를 푸는(mocana) 곳이라는 말이다. 전 인도에서 얻을 수 없는 물품도 이곳에서는 얻을 수 있을 것이고 다른 곳에는 팔러 가지 않는 자도 여기에는 갈 것이다. 그러므로 여기에서 [물품이 든] 통을 부술 것이라는 뜻이다."(DA.ii.541) 그래서 '[물품이 가득 든] 통을 풀어 놓는 [곳]'이라고 옮겼다. 세계적인 상업 도시가 될 것이라는 뜻이다.
34) 본경에 적힌 대로 그 후 빠딸리 마을(gāma)은 빠딸리뿟뜨라(Paṭaliputra, *Pāli*. Paṭaliputta)로 불리게 되며 마우리야(Maurya) 왕조, 굽따(Gupta) 왕조 등 역대 인도 통일 국가의 수도로 그 이름을 떨쳤으며 현재 인도 비하르 주의 주도(州都)인 빠뜨나(Patna)이다.

렸다.

"세존이시여, 고따마 존자께서는 비구 승가와 함께 내일 저희들의 공양을 허락하여 주십시오."

세존께서는 침묵으로 허락하셨다.

1.30. 그러자 마가다의 대신 수니다와 왓사까라는 세존께서 침묵으로 허락하신 것을 알고서 자리에서 일어나 세존께 절을 올리고 오른쪽으로 [세 번] 돌아 [경의를 표한] 뒤에 물러갔다. 그리고 마가다의 대신 수니다와 왓사까라는 그 밤이 지나자 자신들의 집에서 맛있는 여러 음식을 준비하게 하여 세존께 시간을 알려드렸다. "고따마 존자시여, [가실] 시간이 되었습니다. 음식이 준비되었습니다."라고.

그때 세존께서는 오전에 옷매무새를 가다듬고 발우와 가사를 수하시고 비구 승가와 함께 마가다의 대신 수니다와 왓사까라의 집으로 가셨다. 가셔서는 비구 승가와 함께 지정된 자리에 앉으셨다. 그러자 마가다의 대신 수니다와 왓사까라는 부처님을 상수로 하는 비구 승가에게 맛있는 여러 음식을 자기 손으로 직접 대접하고 드시게 했다. 세존께서 공양을 마치시고 발우에서 손을 떼시자 마가다의 대신 수니다와 왓사까라는 어떤 낮은 자리를 잡아서 한 곁에 앉았다.

1.31. 세존께서는 한 곁에 앉은 마가다의 대신 수니다와 왓

사까라를 다음의 게송으로 기쁘게 하셨다.

> "현자는 어느 지방에 거주하든
> 계를 지니고 잘 제어된
> 청정범행을 닦는 자들을 부양한다.
> 거기서 현자가 그들에게 보시를 베푸는 것을 보고
> 신들은 그에게 예배하고 그를 존경한다.
> 신들은 그를 연민하나니
> 마치 어머니가 친아들을 그리하듯이.
> 신들이 연민하는 그는
> 항상 경사스러움을 보게 된다."[35]

세존께서는 이 게송으로 마가다의 대신 수니다와 왓사까라를 기쁘게 하신 뒤 자리에서 일어나 나가시었다.

1.32. 그러자 마가다의 대신 수니다와 왓사까라는 세존을 계속해서 뒤따라갔다. "이제 사문 고따마께서 문으로 나가시는 곳은 오늘부터 '고따마의 문'이 될 것이고, 그분이 강가 강을 건너시는 여울은 오늘부터 '고따마의 여울'이 될 것이다."

---

[35] 즉 청정범행을 닦는 부처님 제자들에게 보시를 베풀고 부양하는 현자를 신들은 존경하고 보호하며 그에게 항상 좋은 일만 생기게 한다는 뜻이다. 이런 말씀은 자연스럽게 후대에 불교의 신장(神將) 사상으로 발전하였다.

라고 하면서. 그래서 세존께서 나가신 문은 '고따마의 문'이 되었다.

1.33. 그때 세존께서는 강가 강으로 가셨다. 그 무렵에 강가 강은 까마귀가 [그 강물을] 먹을 수 있을 만큼 가득 차 있었다. 저쪽 언덕으로 가고자 하여, 어떤 사람들은 배를 찾고 있었고, 어떤 사람들은 뗏목을 찾고 있었고, 어떤 사람들은 뗏목을 묶고 있었다. 그러자 세존께서는 마치 힘 센 사람이 구부렸던 팔을 펴고 폈던 팔을 구부리는 것처럼 비구 승가와 함께 이쪽 언덕에서 사라져서 저쪽 언덕에 나타나셨다.

1.34. 세존께서는 사람들이 저쪽 언덕으로 가고자 하여, 어떤 사람들은 배를 찾고 있고, 어떤 사람들은 뗏목을 찾고 있고, 어떤 사람들은 뗏목을 묶고 있는 것을 보셨다. 그때 세존께서는 이런 의향을 아시고 저쪽 언덕에서 다음과 같은 감흥어를 읊으셨다.

> "바다나 호수나 못을 건너려고
> 사람들은 다리를 만들거나 뗏목을 묶지만
> 지혜로운 자들은 이미 건넜다."

첫 번째 바나와라가 끝났다.

2.1. 그때 세존께서는 아난다 존자를 불러서 말씀하셨다.
"아난다여, 이제 꼬띠가마로 가자."
"그렇게 하겠습니다, 세존이시여."라고 아난다 존자는 세존께 응답했다. 그리하여 세존께서는 많은 비구 승가와 함께 꼬띠가마에 도착하셨다. 세존께서는 거기 꼬띠가마에 머무셨다.

네 가지 성스러운 진리[四聖諦]

2.2. 거기서36) 세존께서는 비구들을 불러서 말씀하셨다.
"비구들이여, 네 가지 성스러운 진리[四聖諦]를 깨닫지 못하고 꿰뚫지 못하였기 때문에, 나와 그대들은 이처럼 긴 세월을 [이곳에서 저곳으로] 치달리고 윤회하였다. 어떤 것이 네 가지인가? 비구들이여, 괴로움의 성스러운 진리를 깨닫지 못하고 꿰뚫지 못하였기 때문에, 나와 그대들은 이처럼 긴 세월을 [이곳에서 저곳으로] 치달리고 윤회하였다. 비구들이여, 괴로움의 일어남의 성스러운 진리를 깨닫지 못하고 꿰뚫지 못하였기 때문에, 나와 그대들은 이처럼 긴 세월을 [이곳에서 저곳으로] 치달리고 윤회하였다. 비구들이여, 괴로움의 소멸의 성스러운 진리를 깨닫지 못하고 꿰뚫지 못하였기 때문에, 나와 그대들은 이처럼 긴 세월을 [이곳에서 저곳으로] 치달리고 윤회하였

---

36) 이하 §2.3까지 사성제에 관한 설법은 『상윳따 니까야』「영지경」(靈知經, Vijjā Sutta, S56.21)과 꼭 같다.

다. 비구들이여, 괴로움의 소멸로 인도하는 도닦음의 성스러운 진리를 깨닫지 못하고 꿰뚫지 못하였기 때문에, 나와 그대들은 이처럼 긴 세월을 [이곳에서 저곳으로] 치달리고 윤회하였다.

비구들이여, 이제 괴로움의 성스러운 진리를 깨닫고 꿰뚫었다. 괴로움의 일어남의 성스러운 진리를 깨닫고 꿰뚫었다. 괴로움의 소멸의 성스러운 진리를 깨닫고 꿰뚫었다. 괴로움의 소멸로 인도하는 도닦음의 성스러운 진리를 깨닫고 꿰뚫었다. 그러므로 존재에 대한 갈애는 잘라졌고, 존재로 인도함은 부수어졌으며, 다시 태어남은 이제 더 이상 존재하지 않는다."

2.3. 세존께서는 이렇게 말씀하셨다. 선서께서는 이렇게 말씀하신 뒤 다시 [게송으로] 이와 같이 설하셨다.

> "네 가지 성스러운 진리들을
> 있는 그대로 보지 못했기 때문에
> 긴 세월을 이생 저생으로 치달려왔다.
> 이제 이 [네 가지 진리]들을 보았다.
> 존재로 인도함을 근절하였다.
> 괴로움의 뿌리를 잘라버렸다.
> 이제 다시 태어남이란 존재하지 않는다."

2.4. 참으로 이렇게 세존께서는 꼬띠가마에 머무시면서 많은 비구들에게 법에 관한 말씀을 하셨다. "이러한 것이 계다. 이러한 것이 삼매다. 이러한 것이 통찰지다. 계를 철저히 닦아서 생긴 삼매는 큰 결실이 있고 큰 이익이 있다. 삼매를 철저히 닦아서 생긴 통찰지는 큰 결실이 있고 큰 이익이 있다. 통찰지를 철저히 닦아서 생긴 마음은 바르게 번뇌들로부터 해탈하나니, 바로 이 감각적 욕망에 기인한 번뇌와 존재에 기인한 번뇌와 무명에 기인한 번뇌이다."라고.

윤회를 벗어나 깨달음으로 향하는 자들

2.5. 그때 세존께서는 꼬띠가마에서 원하는 만큼 머무신 뒤 아난다 존자를 불러서 말씀하셨다. "아난다여, 이제 나디까로 가자."

"그렇게 하겠습니다, 세존이시여."라고 아난다 존자는 세존께 응답했다. 그리하여 세존께서는 많은 비구 승가와 함께 나디까에 도착하셨다. 세존께서는 거기 나디까에서 벽돌집에 머무셨다.

2.6. 그때[37] 아난다 존자는 세존께 다가갔다. 가서는 세

---

37) 이하 §2.9까지 나디까의 불자들의 임종 후 태어날 곳에 대한 설법은 『상윳따 니까야』 「긴자까와사타 경」(Giñjakāvasatha Sutta,

존께 절을 올리고 한 곁에 앉았다. 한 곁에 앉아서 아난다 존자는 세존께 이와 같이 말씀드렸다. "세존이시여, 살하라는 비구가 나디까에서 임종을 했습니다. 그의 태어날 곳[行處]은 어디이고 그는 내세에 무엇이 되겠습니까? 세존이시여, 난다라는 비구니가 나디까에서 임종을 했습니다. 그의 태어날 곳은 어디이고 그는 내세에 무엇이 되겠습니까? 세존이시여, 수닷따라는 청신사가 나디까에서 임종을 했습니다. 그의 태어날 곳은 어디이고 그는 내세에 무엇이 되겠습니까? 세존이시여, 수자따라는 청신녀가 나디까에서 임종을 했습니다. 그의 태어날 곳은 어디이고 그는 내세에 무엇이 되겠습니까? 세존이시여, 까꾸다라는 청신사가 … 깔링가라는 청신사가 … 니까따라는 청신사가 … 까띳사바라는 청신사가 … 뜻타라는 청신사가 … 산뜻타라는 청신사가 … 밧다라는 청신사가 … 수밧다라는 청신사가 나디까에서 임종을 했습니다. 그의 태어날 곳은 어디이고 그는 내세에 무엇이 되겠습니까?"

27. "아난다여, 살하 비구는 모든 번뇌가 다하여 아무 번뇌가 없는 마음의 해탈[心解脫]과 통찰지의 해탈[慧解脫]을 바로 지금여기에서 스스로 최상의 지혜로 실현하고 구족하여 머물렀다.[阿羅漢][38)

S55:8~10)과 꼭 같다.
38) 본 문단에 나타나는 여러 술어들은 『디가 니까야』 제1권 「마할리

아난다여, 난다 비구니는 다섯 가지 낮은 단계의 족쇄를 완전히 없애고 [정거천에] 화생하여 그곳에서 완전히 열반에 들어 그 세계로부터 다시 돌아오지 않는 법을 얻었다.[不還者]

아난다여, 수닷따 청신사는 세 가지 족쇄를 완전히 없애고 탐욕과 성냄과 미혹이 엷어져서 한 번만 더 돌아올 자[一來者]가 되어, 한 번만 이 세상에 와서 괴로움의 끝을 만들 것이다.

아난다여, 수자따 청신녀는 세 가지 족쇄를 완전히 없애고 흐름에 든 자[預流者]가 되어, [악취에] 떨어지지 않는 법을 가지고 [해탈이] 확실하며 정등각으로 나아가는 자가 되었다.

아난다여, 까꾸다 청신사는 다섯 가지 낮은 단계의 족쇄를 완전히 없애고 [정거천에] 화생하여 그곳에서 완전히 열반에 들어 그 세계로부터 다시 돌아오지 않는 법을 얻었다.

아난다여, 깔링가 청신사는 … 니까따 청신사는 … 까땟사바 청신사는 … 뚯따 청신사는 … 산뚯따 청신사는 … 밧다 청신사는 … 수밧다 청신사는 다섯 가지 낮은 단계의 족쇄를 완전히 없애고 [정거천에] 화생하여 그곳에서 완전히 열반에 들어 그 세계로부터 다시 돌아오지 않는 법을 얻었다.

아난다여, 50명이 넘는 나디까의 청신사들은 임종하여 다섯 가지 낮은 단계의 족쇄를 완전히 없애고 [정거천에] 화생하여 그곳에서 완전히 열반에 들어 그 세계로부터 다시 돌아오지

경」(D6) §13의 주해들에서 설명하였으므로 참조할 것.

않는 법을 얻었다.

아난다여, 90명이 넘는 나디까의 청신사들은 임종하여 세 가지 족쇄를 완전히 없애고 탐욕과 성냄과 미혹이 엷어져서 한 번만 더 돌아올 자[一來者]가 되어, 한 번만 이 세상에 와서 괴로움의 끝을 만들 것이다.

아난다여, 500명이 넘는 나디까의 청신사들은 임종하여 세 가지 족쇄를 완전히 없애고 흐름에 든 자[預流者]가 되어, [악취에] 떨어지지 않는 법을 가지고 [해탈이] 확실하며 정등각으로 나아가는 자가 되었다."39)

법의 거울[法鏡]에 대한 법문

2.8. "아난다여, 사람으로 태어난 자가 죽는 것은 놀랄 만한 일이 아니다. 그런데 이런저런 사람이 죽을 때마다 여래에게 다가와서 이러한 뜻을 묻는다면 이것은 여래에게 성가신 일이다. 아난다여, 그러므로 여기서 법의 거울[法鏡]이라는 법문을 하리니 이것을 구족한 성스러운 제자는 그가 원하기만 하면 '나는 지옥40)을 부수었다. 나는 축생의 모태41)를 부수었

---

39) 나디까에서 하신 이런 말씀에 대한 보유(補遺)적인 경이 『디가 니까야』 제2권 「자나와사바 경」(D18)이다. 「자나와사바 경」을 참조하기 바란다.

40) '지옥'으로 옮긴 niraya는 nis(밖으로)+√i(*to go*)에서 파생된 남성명사로서 '밖으로 떨어져 나가다, 파멸하다'라는 문자적인 뜻에서 '지옥'을 뜻한다. 주석서에서는 '아무런 즐거움이 없는 곳'으로 설명한

고, 아귀계42)를 부수었으며, 나는 처참한 곳, 불행한 곳, 파멸

> 다.(AAṬ) 불교의 우주관에 따르면 지옥은 가장 낮은 곳에 위치한 세
> 계로서 극심한 고통이 있는 곳이다. 여기에 태어난 중생은 그들이 지
> 은 악업의 과보 때문에, 태어나는 순간부터 여기서 죽는 순간까지 단
> 한순간의 휴식도 없이 고통을 받아야만 한다고 한다. 주석서들은 여
> 덟 가지 대지옥을 드는데 산지와(Sañjīva), 깔라숫따(Kāḷasutta), 상
> 가따(Saṅghāta), 로루와(Roruva), 마하 로루와(Mahā Roruva), 따
> 빠나(Tāpana), 마하 따빠나(Mahā Tāpana), 아위찌(Avīci)이다.
> 뒤의 지옥으로 갈수록 더 고통은 심해진다. 이들 가운데서 무간지옥
> 으로 옮기는 아위찌(Avīci)는 제일 아래 있고 가장 무시무시한 곳이
> 다. 이들 여덟 가지 대지옥의 사방은 다시 다섯 가지 작은 지옥으로
> 둘러싸여 있어서 모두 5×4×8+8=168가지 지옥이 있게 된다고 한다.
> 『맛지마 니까야』「우현경」(愚賢經, Bālapaṇḍitasutta, M129)과
> 「천사경」(天使經, Devadūtasutta, M130)에서 부처님께서는 지옥
> 을 상세하게 설명하고 계신다.

41) '축생의 모태'는 tiracchāna-yoni(띠랏차나 요니)를 직역한 것이다. tiracchāna(축생)-yoni(모태)가 합성된 단어라서 축생의 모태로 옮겼다. 우리에게는 축생으로 익숙하다. tiracchāna는 산스끄리뜨로 tiraścīna인데 '옆으로'라는 뜻이다. 동물들은 직립보행을 못하고 옆으로 즉 네 발로 걷거나 움직이기 때문에 붙여진 이름이다.

불교에서는 동물의 세계도 중생들이 악업의 결과로 태어나는 비참한 세계(악도)로 간주한다. 부처님께서는 악업을 지은 인간들은 축생의 세계에 태어나게 되고 축생들도 선업을 지으면 인간이나 천상에도 태어날 수 있다고 한다. 『청정도론』에는 개구리가 부처님 법을 들으면서 표상을 습득하여 죽어서 천신으로 태어난 이야기가 나타난다.(Vis. VII.51)

42) '아귀계'는 petti-visaya(뻿띠위사야)를 옮긴 것이다. 여기서 petti는 산스끄리뜨로는 paitri인데 아버지를 뜻하는 pitṛ(*Pāli*. pitā)의 곡용형이다. 그래서 일차적인 의미는 '아버지에 속하는'의 뜻이며 여기서 아버지란 물론 모든 돌아가신 선조들(*Sk*. pitaraḥ)을 뜻한다. visaya는 대상이나 영역을 뜻한다. petti-visaya 대신에 단지 peta로 나타

처를 부수어서 흐름에 든 자[預流者]가 되어, [악취에] 떨어지지 않는 법을 가지고 [해탈이] 확실하며 정등각으로 나아가는 자가 되었다.'라고 스스로 자신에 대해서 설명을 할 수 있을 것이다."

2.9. "아난다여, 그러면 어떤 것이 그 법의 거울[法鏡]이라는 법문이기에 이것을 구족한 성스러운 제자는 그가 원하기만 하면 '나는 지옥을 부수었다. 나는 축생의 모태를 부수었고, 아귀계를 부수었으며, 나는 처참한 곳, 불행한 곳, 파멸처를 부수어서 흐름에 든 자[預流者]가 되어, [악취에] 떨어지지 않는 법을 가지고 [해탈이] 확실하며 정등각으로 나아가는 자가 되었다.'라고 스스로 자신에 대해서 설명을 할 수 있는가?

아난다여, 여기 성스러운 제자는 '이런 [이유로] 그분 세존께서는 아라한[應供]이시며, 완전히 깨달은 분[正等覺]이시며,

> 나기도 하는데 이 단어 역시 아버지를 뜻하는 pitā의 곡용형으로 '아버지에 속하는'을 뜻하며 그래서 모든 조상신들을 뜻한다. petti-visaya나 peta는 베딕 문헌에서 나오는 조상신들에게 제사지내는 것(Sk.pitryajña, 祖靈祭)과 관계가 있다. 제사음식을 기다리는 자들이라는 뜻에서 '굶주린 귀신(餓鬼)'으로 불교에서 정착된 것으로 추정한다.
> 아귀는 항상 배고픔이나 목마름 혹은 다른 괴로움을 겪는 존재라고 불교에서는 말한다. 아귀는 그들이 사는 영역이 따로 없다. 그들은 숲이나 습지나 묘지 등 인간이 사는 세계에 같이 산다고 한다. 인간의 육안으로는 보이지 않는다. 물론 그들 스스로 모습을 드러낼 수도 있고 천안으로 보이기도 한다고 한다.

영지와 실천이 구족한 분[明行足]이시며, 피안으로 잘 가신 분[善逝]이시며, 세간을 잘 알고 계신 분[世間解]이시며, 가장 높은 분[無上士]이시며, 사람을 잘 길들이는 분[調御丈夫]이시며, 하늘과 인간의 스승[天人師]이시며, 부처님[佛]이시며, 세존(世尊)이시다.'라고 부처님께 움직이지 않는 깨끗한 믿음을 지닌다.43)

'이런 [이유로] 법은 세존에 의해서 잘 설해졌고, 스스로 보아 알 수 있고, 시간이 걸리지 않고, 와서 보라는 것이고, 향상으로 인도하고, 지자들이 각자 알아야 하는 것이다.'라고 법에 움직이지 않는 깨끗한 믿음을 지닌다.44)

'이런 [이유로] 세존의 제자들의 승가는 잘 도를 닦고, 세존의 제자들의 승가는 바르게 도를 닦고, 세존의 제자들의 승가는 참되게 도를 닦고, 세존의 제자들의 승가는 합당하게 도를 닦으니, 곧 네 쌍의 인간들이요[四雙] 여덟 단계에 있는 사람들[八輩]이시다. 이러한 세존의 제자들의 승가는 공양받아 마땅하고, 선사받아 마땅하고, 보시받아 마땅하고, 합장받아 마땅하며, 세상의 위없는 복밭[福田]이시다.'라고 승가에 움직이지 않는 깨끗한 믿음을 지닌다.

성자들이 좋아하며 훼손되지 않았고 뚫어지지 않았고 오점이 없고 얼룩이 없고 벗어나게 하고 지자들이 찬탄하고 들러

---

43) 여래십호(如來十號)로 표현되는 부처님에 대한 정형구는 『청정도론』 VII.2 이하에 상세하게 설명되어 있다.
44) 이러한 법의 정형구는 『청정도론』 XII.68 이하에 잘 설명되어 있다.

붙지 않고 삼매에 도움이 되는 계를 구족한다.45)

아난다여, 이것이 법의 거울[法鏡]이라는 법문이니 이것을 구족한 성스러운 제자는 그가 원하기만 하면 '나는 지옥을 부수었다. 나는 축생의 모태를 부수었고, 아귀계를 부수었으며, 나는 처참한 곳, 불행한 곳, 파멸처를 부수어서 흐름에 든 자[預流者]가 되어, [악취에] 떨어지지 않는 법을 가지고 [해탈이] 확실하며 정등각으로 나아가는 자가 되었다.'라고 스스로 자신에 대해서 설명을 할 수 있다."

2.10. 참으로 이렇게 세존께서는 나디까에 머무시면서 많은 비구들에게 법에 관한 말씀을 하셨다. "이러한 것이 계다. 이러한 것이 삼매다. 이러한 것이 통찰지다. 계를 철저히 닦아서 생긴 삼매는 큰 결실이 있고 큰 이익이 있다. 삼매를 철저히 닦아서 생긴 통찰지는 큰 결실이 있고 큰 이익이 있다. 통찰지를 철저히 닦아서 생긴 마음은 바르게 번뇌들로부터 해탈하나니, 바로 이 감각적 욕망에 기인한 번뇌와 존재에 기인한 번뇌와 무명에 기인한 번뇌이다."라고.

마음챙김과 알아차림[正念正知]

2.11. 그때 세존께서는 나디까에서 원하는 만큼 머무신 뒤

---

45) 이러한 승가의 정형구는 『청정도론』 I.152에 설명되어 있다.

아난다 존자를 불러서 말씀하셨다. "아난다여, 이제 웨살리로 가자."

"그렇게 하겠습니다, 세존이시여."라고 아난다 존자는 세존께 응답했다. 그리하여 세존께서는 많은 비구 승가와 함께 웨살리에 도착하셨다. 세존께서는 거기 웨살리에서 암바빨리 숲에 머무셨다.

2.12. 거기서46) 세존께서는 비구들을 불러서 말씀하셨다. "비구들이여, 비구는 마음챙기고 알아차리면서[正念正知] 머물러야 한다. 이것이 그대들에게 주는 나의 간곡한 당부이다. 비구들이여, 그러면 어떻게 비구는 마음챙기는가? 비구들이여, 여기 비구는 몸에서 몸을 관찰하며[身隨觀] 머문다. 세상에 대한 욕심과 싫어하는 마음을 버리면서 근면하게, 분명히 알아차리고 마음챙기는 자 되어 머문다. 느낌들에서 느낌을 관찰하며[受隨觀] 머문다. … 마음에서 마음을 관찰하며[心隨觀] 머문다 … 법에서 법을 관찰하며[法隨觀] 머문다. 세상에 대한 욕심과 싫어하는 마음을 버리면서 근면하게, 분명히 알아차리고 마음챙기는 자 되어 머문다. 비구들이여, 이와 같이 비구는 마음챙긴다."

---

46) 이하 §2.13까지의 마음챙김과 알아차림[正念正知]에 대한 설법은 『상윳따 니까야』「마음챙김 경」(S47:2)과 꼭 같다.

2.13. "비구들이여, 비구는 어떻게 알아차리는가? 비구들이여, 비구는 나아갈 때도 물러날 때도 [자신의 거동을] 분명히 알면서[正知] 행한다. 앞을 볼 때도 돌아볼 때도 분명히 알면서 행한다. 구부릴 때도 펼 때도 분명히 알면서 행한다. 가사·발우·의복을 지닐 때도 분명히 알면서 행한다. 먹을 때도 마실 때도 씹을 때도 맛볼 때도 분명히 알면서 행한다. 대소변을 볼 때도 분명히 알면서 행한다. 걸으면서·서면서·앉으면서·잠들면서·잠을 깨면서·말하면서·침묵하면서도 분명히 알면서 행한다. 비구들이여, 이와 같이 비구는 알아차린다. 비구들이여, 비구는 마음챙기고 알아차리면서 머물러야 한다. 이것이 그대들에게 주는 나의 간곡한 당부이다."

암바빨리 기녀

2.14. 그때 암바빨리 기녀는 '세존께서 웨살리에 오셔서 나의47) 망고 숲에 머물고 계신다.'고 들었다. 그러자 암바빨리 기녀는 아주 멋진 마차들을 준비하게 하고 아주 멋진 마차에 올라서 아주 멋진 마차들을 거느리고 웨살리를 나가서 자신의 망고 숲으로 들어갔다. 더 이상 마차로 갈 수 없는 곳에 이르자 마차에서 내린 뒤 걸어서 세존께로 다가갔다. 가서는 세존

---

47) 세존께서 머물고 계시는 암바빨리 숲은 암바빨리 기녀(妓女)의 소유였다. 그래서 그녀는 이렇게 표현한다.

께 절을 올린 뒤 한 곁에 앉았다. 세존께서는 한 곁에 앉은 암바빨리 기녀에게 법을 설하시고 격려하시고 분발하게 하시고 기쁘게 하셨다. 그러자 암바빨리 기녀는 세존께서 설하신 법을 [듣고] 격려 받고 분발하고 기뻐하여 세존께 이렇게 말씀드렸다. "세존이시여, 세존께서는 비구 승가와 함께 내일 저희들의 공양을 허락하여 주십시오."

세존께서는 침묵으로 허락하셨다. 암바빨리 기녀는 세존께서 허락하신 것을 알고서 자리에서 일어나 세존께 절을 올리고 오른쪽으로 [세 번] 돌아 [경의를 표한] 뒤에 물러갔다.

2.15. 웨살리에 사는 릿차위48)들도 세존께서 웨살리에 오셔서 암바빨리 숲에 머무신다고 들었다. 그러자 릿차위들은 아주 멋진 마차들을 준비하게 하고 아주 멋진 마차에 올라서 아주 멋진 마차들을 거느리고 웨살리를 나갔다. 거기서 어떤 릿차위들은 푸른 색깔과 푸른 옷감과 푸른 장식을 하여 푸른색이었고, 어떤 릿차위들은 노란 색깔과 노란 옷감과 노란 장식을 하여 노란색이었고, 어떤 릿차위들은 붉은 색깔과 붉은 옷감과 붉은 장식을 하여 붉은색이었고, 어떤 릿차위들은 흰 색깔과 흰 옷감과 흰 장식을 하여 흰색이었다.

---

48) 릿차위(Licchavī)는 왓지(Vajjī) 국을 대표하는 종족이다. 릿차위에 대해서는 『디가 니까야』 제1권 「마할리 경」(D6) §3의 주해를 참조할 것.

2.16. 그때 암바빨리 기녀는 차축은 차축끼리, 바퀴는 바퀴끼리, 멍에는 멍에끼리 릿차위의 젊은이들과 부딪히게 [마차를 몰면서 왔다]. 그러자 릿차위들은 암바빨리 기녀에게 이렇게 말했다.

"여보시오, 암바빨리님, 왜 그대는 차축은 차축끼리, 바퀴는 바퀴끼리, 멍에는 멍에끼리 릿차위의 젊은이들과 부딪히게 [마차를 모는가요]?"

"젊은 분들이여, 세존께서 비구 승가와 함께 내일 저의 공양에 초대되었기 때문입니다."[49]

"여보시오, 암바빨리님. 그러면 십만의 [돈][50]으로 그 공양을 우리에게 파시오."

"젊은 분들이여, 만일 그대들이 제게 웨살리를 음식을 [얻을 수 있는 지방까지] 포함해서[51] 다 준다 하더라도 이와 같은 중요한 공양은 그대들에게 드릴 수가 없군요."

그러자 릿차위들은 손가락을 튕기면서 말했다. "여보게들,

---

49) 암바빨리가 너무 기뻐서 큰 자부심을 가지고 있음을 알 수 있다.
50) 경에는 단지 '십만으로(satasahassena)'라고만 나타나고 있고 주석서에서는 아무 설명이 없다. 아마 그때 통용되던 화폐단위로 10만을 뜻하는 것 같다.
51) 원문은 sāhāra(음식과 함께)인데 주석서에서 지방과 함께(sajana-pada)라고 설명하고(DA.ii.545) 다시 복주서에서는 그것을 얻을 수 있는 지방(tappatta-janapada)이라고 풀이하고 있어서(DAṬ.ii.185) 이렇게 옮겼다.

우리가 이 망고지기 여인[52]에게 져버렸네. 여보게들, 우리가 이 망고지기 여인에게 속아버렸네."

그러면서 그 릿차위들은 암바빨리 숲으로 들어갔다.

2.17. 세존께서는 릿차위들이 멀리서 오는 것을 보시고서 비구들을 불러서 말씀하셨다. "비구들이여, 비구들 가운데서 삼십삼천의 신들을 아직 보지 못한 자들은 릿차위의 회중을 보거라. 비구들이여, 릿차위의 회중을 잘 살펴 보거라. 비구들이여, 그대들은 릿차위의 회중이 삼십삼천을 닮은 것을 보게 될 것이다."

2.18. 그때 릿차위들은 더 이상 마차로 갈 수 없는 곳에 이르자 마차에서 내린 뒤 걸어서 세존께로 다가갔다. 가서는 세존께 절을 올린 뒤 한 곁에 앉았다. 세존께서는 한 곁에 앉은 릿차위들에게 법을 설하시고 격려하시고 분발하게 하시고 기쁘게 하셨다. 그러자 릿차위들은 세존께서 설하신 법을 [듣고] 격려 받고 분발하고 기뻐하여 세존께 이렇게 말씀드렸다. "세존이시여, 세존께서는 비구 승가와 함께 내일 저희들의 공양을 허락하여 주십시오."

"릿차위들이여, 나는 이미 내일 암바빨리 기녀의 공양을

---

52) 원어는 ambapālikā인데 이름에다 '-ka(kā)' 어미를 붙이면 비하하는 뜻이다. 그래서 '망고지기 여인'으로 옮겼다.

허락하였다."

그러자 릿차위들은 손가락을 튕기면서 말했다. "여보게들, 우리가 망고지기 여인에게 져버렸네. 여보게들, 우리가 망고지기 여인에게 속아버렸네."

그리고 릿차위들은 세존의 말씀을 기뻐하고 감사드린 뒤 자리에서 일어나 물러갔다.

2.19. 암바빨리 기녀는 그 밤이 지나자 자신의 집에서 맛있는 여러 음식을 준비하게 한 뒤 세존께 시간을 알려드렸다. "세존이시여, [가실] 시간이 되었습니다. 음식이 준비되었습니다."라고.

그때 세존께서는 옷매무새를 가다듬고 발우와 가사를 수하시고 비구 승가와 함께 오전에 암바빨리 기녀의 집으로 가셨다. 가셔서는 비구 승가와 함께 지정된 자리에 앉으셨다. 그러자 암바빨리 기녀는 부처님을 상수로 하는 비구 승가에게 맛있는 여러 음식을 자기 손으로 직접 대접하고 드시게 했다. 세존께서 공양을 마치시고 그릇에서 손을 떼시자 암바빨리 기녀는 어떤 낮은 자리를 잡아서 한 곁에 앉았다. 한 곁에 앉아서 암바빨리 기녀는 세존께 이렇게 말씀드렸다.

"세존이시여, 이 원림을 부처님을 으뜸으로 한 비구 승가께 드립니다." 세존께서는 원림을 받으셨다. 그리고 세존께서는 암바빨리 기녀에게 법을 설하시고 격려하시고 분발하게 하시고 기쁘게 하신 뒤 자리에서 일어나 가시었다.

2.20. 참으로 이렇게 세존께서는 웨살리에서 암바빨리 숲에 머무시면서 많은 비구들에게 법에 관한 말씀을 하셨다. "이러한 것이 계다. 이러한 것이 삼매다. 이러한 것이 통찰지다. 계를 철저히 닦아서 생긴 삼매는 큰 결실이 있고 큰 이익이 있다. 삼매를 철저히 닦아서 생긴 통찰지는 큰 결실이 있고 큰 이익이 있다. 통찰지를 철저히 닦아서 생긴 마음은 바르게 번뇌들로부터 해탈하나니, 바로 이 감각적 욕망에 기인한 번뇌와 존재에 기인한 번뇌와 무명에 기인한 번뇌이다."라고

벨루와가마에서 안거를 하심

2.21. 그때 세존께서는 암바빨리 숲에서 원하는 만큼 머무신 뒤 아난다 존자를 불러서 말씀하셨다. "아난다여, 이제 벨루와가마로 가자."

"그렇게 하겠습니다, 세존이시여."라고 아난다 존자는 세존께 응답했다. 그리하여 세존께서는 많은 비구 승가와 함께 벨루와가마에 도착하셨다. 세존께서는 거기 벨루와가마에 머무셨다.

2.22. 거기서[53] 세존께서는 비구들을 불러서 말씀하셨다.

---

53) 이하 두 번째 바나와라의 끝인 §2.26까지 언급되는, 벨루와에서 중병

"비구들이여, 이제 그대들은 도반을 따르거나 지인을 따르거나 후원자를 따라서 웨살리 전역으로 흩어져서 안거54)를 하여라. 나는 여기 이 벨루와가마에서 안거를 할 것이다."

"그렇게 하겠습니다, 세존이시여."라고 세존께 응답한 뒤 비구들은 도반을 따르거나 지인을 따르거나 후원자를 따라서 웨살리 전역으로 흩어져서 안거를 하였다. 세존께서는 거기 벨루와가마에서 안거를 하셨다.

2.23. 그때 세존께서는 안거를 하시는 도중에 혹독한 병에55) 걸려서 죽음에 다다르는 극심한 고통이 생기셨다. 거기

에 걸리셨다가 나으셔서 아난다 존자에게 하신 유명한 말씀은 『상윳따 니까야』 「병실의 경」(Gilānasutta, S47:9)과 꼭 같다.

54) '안거(安居)'로 옮긴 원어는 vassa이다. 이 단어는 √vṛṣ(*to rain*)에서 파생된 명사로 '비, 소나기'를 뜻한다. 그리고 우기철이란 뜻으로도 쓰이고 전문술어로 쓰이면 여기서처럼 안거를 뜻한다. 안거란 비구들이 우기철에는 유행(遊行)을 하지 않고 한 곳에 머물면서 하는 수행 전통을 말한다.

일반적으로 인도의 우기철은 다섯 달로 구성된다. 그것은 ① 아살하(Āsāḷha) ② 사와나(Sāvaṇa) ③ 밧다라(Bhaddara 혹은 Poṭṭhapāda) ④ 앗사유자(Assayuja, 혹은 앞의 깟띠까, Pubba-kattikā) ⑤ 뒤의 깟띠까(Pacchima-kattika)이다. 대충 양력 6월부터 10월까지인데 지금 인도의 우기철과도 일치한다.

안거(vassa)는 이 가운데서 아살하 달의 보름에 시작해서 앗사유자 달의 보름에 마치는데 이렇게 되면 석 달간 결제를 하는 것이 된다. 대중이 동의를 하면 결제를 한 달 더 연장해서 깟띠까의 보름까지 하기도 한다.(『들숨날숨에 마음챙기는 공부』 22~23쪽 참조)

55) 복주서에서는 그냥 단순한 병이 아니라 사대(四大, dhātu)의 조화가

서 세존께서는 마음챙기고 알아차리시면서 흔들림 없이 그것을 감내하셨다. 그때 세존께 이런 생각이 드셨다. "내가 신도들에게 아무런 말도 하지 않고, 비구 승가에게 알리지도 않고 반열반에 드는 것은 어울리지 않는다. 그러니 나는 이 병을 정진으로 다스리고 생명의 상카라를 굳세게 하여 머무르리라." 그리고 세존께서는 그 병을 정진으로 다스리고 생명의 상카라를 굳세게 하여 머무셨다. 그래서 세존께서는 그 병을 가라앉히셨다.

2.24. 세존께서는 병이 나으신지 오래되지 않아서 간병실에서 나와 승원의 그늘에 마련된 자리에 앉으셨다. 그러자 아난다 존자는 세존께 다가가서 절을 올리고 한 곁에 앉았다. 한 곁에 앉아서 아난다 존자는 세존께 이렇게 말씀드렸다. "세존이시여, 저는 세존께서 인내하시는 모습을 뵈었습니다. 저는 세존께서 삶을 지탱하시는 모습을 뵈었습니다. 세존이시여, 그런 저의 몸도 [세존께서 아프셨기 때문에] 마치 술에 취한 것과 같이 되어버렸습니다. 세존께서 아프셨기 때문에 저는 방향 감각을 잃어버렸고, 어떠한 법들도 제게 분명하게 드러나지 않았습니다.56) 그래도 제게는 '세존께서는 비구 승가를

     극도로 혼란스럽게 되어 생긴 아주 심한 병이라고 설명한다.(DAT.ii. 186)
56) '세존께서 입멸하시면 어떻게 하나!'하는, 어찌할 바를 모르는 아난다

두고 아무런 분부도 없으신 채로 반열반에 들지는 않으실 것이다.'라는 어떤 안심이 있었습니다."

2.25. "아난다여, 그런데 비구 승가는 나에 대해서 무엇을 [더] 바라는가? 아난다여, 나는 안과 밖이 없이[57] 법을 설하였다. 아난다여, 여래가 [가르친] 법들에는 스승의 주먹[師拳][58]과 같은 것이 따로 없다. 아난다여, '나는 비구 승가를 거느린다.'거나 '비구 승가는 나의 지도를 받는다.'라고 생각하는 자는 비구 승가에 대해서 무엇인가를 당부할 것이다. 아난다여, 그러나 여래에게는 '나는 비구 승가를 거느린다.'거나 '비구 승가는 나의 지도를 받는다.'라는 생각이 없다. 그러므로

존자의 모습이 눈에 선하다.
57) 주석서에서는 법과 사람 둘 다에 안과 밖을 두지 않으신 것을 뜻한다고 설명한다. 즉 법을 남김없이 드러내셨을 뿐만 아니라, 사람을 차별하지 않고 법을 설하셨다는 말이다.(DA.ii.547~48)
58) '스승의 주먹[師拳]'은 ācariya-muṭṭhi를 직역한 것이다. '부처님 가르침에는 스승의 주먹이 없다.'는 이 말씀은 중요하다. 인도의 전통적인 우빠니샤드의 가르침은 비밀리에 전수함[秘傳]을 중시했기 때문이다. 우빠니샤드(Upaniṣad)라는 단어 자체가 upa(근처에)+ni(아래로)+√sad(*to sit*)에서 파생된 명사로 '[스승의] 가까이 앉아서 전수 받은 가르침'이라는 의미이다. 부처님께서는 이러한 비전(秘傳)을 인정하지 않으신다는 말씀이다. 당당하게 눈 있는 자는 와서 보라(ehi-passika)고 숨김없이 설하셨다는 뜻이다.
한편 주석서에서는 "외도들에게는 스승의 주먹이 있다. 젊었을 때는 설하지 않다가 노년이 되어 마지막 침상에 누워서 좋아하는 측근 제자에게 말해 주는 것이다."(DA.ii.548)라고 설명하고 있다.

여래가 비구 승가에 대해서 무엇을 당부한단 말인가?

아난다여, 이제 나는 늙어서 나이 들고 노후하고, 긴 세월을 보냈고 노쇠하여, 내 나이가 여든이 되었다. 아난다여, 마치 낡은 수레가 가죽 끈에 묶여서 겨우 움직이는 것처럼 여래의 몸도 가죽 끈에 묶여서 겨우 [살아] 간다고 여겨진다.[59] 아난다여, 여래가 모든 표상들[60]을 마음에 잡도리하지 않고 이런 [세속적인] 명확한 느낌들을[61] 소멸하여 표상 없는 마음의 삼매[62]에 들어 머무는 그런 때에는 여래의 몸은 더욱더 편안해진다."

자신과 법을 섬으로 삼고 귀의처로 삼아라

2.26. "아난다여, 그러므로 여기서[63] 그대들은 자신[64]을

---

59) "'가죽 끈에 묶여서(veṭhamissakena)'라는 것은 [수레의] 손잡이를 묶고 바퀴를 묶는 등의 수선에 의해서라는 말이다. …[이러한] 낡은 수레가 가죽 끈에 묶여서 움직이는 것처럼 여래도 아라한과라는 가죽 끈에 묶여서(arahattaphalaveṭhana) [행·주·좌·와의] 네 가지 행동거지를 행하시는 것을 말씀하시는 것이다."(*Ibid*)
60) "모든 표상들이란 물질 등의 표상이다."(*Ibid*)
61) "'명확한 느낌들'이란 세속적인 느낌들이다."(*Ibid*)
62) "'표상 없는 마음의 삼매(animitta cetosamādhi)'란 항상하다[常]는 표상 등을 제거하고 생긴 위빳사나를 통한 삼매를 두고 한 말이다." (SA.iii.190) 표상 없는 삼매와 위빳사나를 통한 삼매에 대해서는 『디가 니까야』 제3권 「합송경」 (D33) §1.10 (51)의 주해를 참조할 것.
63) "'그러므로 여기서'라는 것은 [바로 위에서 말씀하신] 과(果)의 증득에 머묾에 의해서 편안하듯이, 그대들도 그것을 위해서 이제 다음과

섬65)으로 삼고[自燈明] 자신을 귀의처로 삼아[自歸依] 머물고, 남을 귀의처로 삼아 머물지 말라. 법을 섬으로 삼고[法燈明] 법을 귀의처로 삼아[法歸依] 머물고, 다른 것을 귀의처로 삼아 머물지 말라. 아난다여, 그러면 어떻게 비구는 자신을 섬으로 삼고 자신을 귀의처로 삼아 머물고, 남을 귀의처로 삼아 머물지 않는가? 어떻게 비구는 법을 섬으로 삼고 법을 귀의처로 삼아 머물고, 다른 것을 귀의처로 삼아 머물지 않는가?

비구들이여, 여기 비구는 몸에서 몸을 관찰하며[身隨觀] 머문다. 세상에 대한 욕심과 싫어하는 마음을 버리면서 근면하게, 분명하게 알아차리고 마음챙기는 자 되어 머문다. 느낌에서 느낌을 관찰하며[受隨觀] 머문다 … 마음에서 마음을 관찰하며[心隨觀] 머문다 … 법에서 법을 관찰하며[法隨觀] 머문다. 세상에 대한 욕심과 싫어하는 마음을 버리면서 근면하게, 분

같이 머물러라고 말씀하시는 것이다."(DA.ii.548)
64) '자신'은 atta의 역어이다. atta는 문맥에 따라 자아(Sk. ātman)라고 옮기기도 한다. 이 문맥에서 atta는 단지 자기 자신을 뜻하지 자아를 의미하는 것이 아니다. 왜냐하면 자신에 의지하는 방법으로 아래에서 네 가지 마음챙김의 확립을 설하고 계시는데, 네 가지 마음챙김의 확립은 자신을 몸, 느낌, 마음, 심리현상들로 해체해서 불변하는 실체(자아)가 없음을 관찰하는 수행법이기 때문이다.
65) '섬'은 dīpa의 역어이다. 빠알리 dīpa에 해당하는 산스끄리뜨는 dvīpa(섬)와 dīpa(등불)가 있다. 상좌부에서는 이 문맥에 나타나는 dīpa를 모두 섬(Sk. dvīpa)으로 해석하고 있다. 그러나 북방에서는 등불(Sk. dīpa)로 이해를 하였고, 그래서 이 부분을 자등명(自燈明)과 법등명(法燈明)으로 이해하기도 한다.

명히 알아차리고 마음챙기는 자 되어 머문다.

아난다여, 이와 같이 비구는 자신을 섬으로 삼고 자신을 귀의처로 삼아 머물고 남을 귀의처로 삼아 머물지 않으며, 법을 섬으로 삼고 법을 귀의처로 삼아 머물고 다른 것을 귀의처로 삼아 머물지 않는다.

아난다여, 누구든지 지금이나 내가 죽고 난 후에 자신을 섬으로 삼고 자신을 귀의처로 삼아 머물고 남을 귀의처로 삼아 머물지 않으며, 법을 섬으로 삼고 법을 귀의처로 삼아 머물고 다른 것을 귀의처로 삼아 머물지 않으면서 공부짓기를 원하는 비구들은 최고 중의 최고66) 될 것이다."

두 번째 바나와라가 끝났다.

---

66) '최고 중의 최고'로 옮긴 원어는 tamatagge인데 이 자체로는 뜻이 통하지 않는다. 그래서 주석서는 다음과 같이 설명한다.
"tamatagge는 tamāgge이다. 가운데 ta음절은 단어의 연음을 위해서 말한 것이다. 그래서 '이들이 가장 최고(aggatamā)라고 해서 tamataggā이다.'라고 말씀하신 것이다. 이와 같이 tama를 모두 잘라낸 뒤 '아난다여, 나의 비구들은 아주(ativiya) 최고인(agga) 최상의 상태(uttamabhāva)가 될 것이다.'라는 뜻이다."(DA.ii.548~49)
즉 주석서는 tamatagge를 tama-agge로 이해하고 이것을 다시 agga-tama로 이해하였다. 여기서 '-tama'는 최상급을 의미하는 어미이다. 그래서 아주(ativiya)라고 설명하였다. 그래서 역자는 '최고 중의 최고'로 옮겼다.

암시와 빛

3.1. 그때[67] 세존께서는 오전에 옷매무새를 가다듬고 발우와 가사를 수하고 걸식을 위해서 웨살리로 들어가셨다. 웨살리에서 걸식을 하여 공양을 마치고 걸식에서 돌아와 아난다 존자를 불러서 말씀하셨다.

"아난다여, 좌구를 챙겨라. 낮 동안의 머묾을 위해서 짜빨라 탑묘[68]로 가자."

---

67) 이하 §3.10번까지, 세존께서 짜빨라 탑묘에서 석 달 후 열반에 드시기로 마라에게 약속하시는 잘 알려진 사건은 『상윳따 니까야』 「쩨띠야 경」(Cetiya, S51:10)과 꼭 같다. 그리고 이하 §3.20까지는 『앙굿따라 니까야』 제5권 「대지의 진동 경」(A8:70)과 꼭 같다.

68) '탑묘'로 옮긴 cetiya(Sk. caitya)는 √ci(*to heap up*)에서 파생된 명사로서 돌이나 흙, 벽돌 등을 쌓아서 만든 '기념물, 분묘'를 지칭하는 것이 일차적인 의미이다. 『샤따빠따 브라흐마나』 등의 제의서에도 짜이땨(caitya)라는 단어가 나타나며 짜이땨에 가서 제사지내는 것이 기술되어 있다. 아마 조상신이나 그 지역의 토지신 아니면 유력한 신을 모시고 그 지방 부족들이 모여서 제사 지내거나 숭배하던 장소를 말하는 것일 것이다. 지금도 인도의 시골에 가보면 곳곳에 이런 크고 작은 건물이나 조형물이 있으며 이런 곳을 짜이땨라 부르고 있다.

초기경에서 쩨띠야(cetiya)는 불교의 탑묘를 지칭하는 말로서는 거의 쓰이지 않는다. 불교의 탑묘를 나타낼 때는 대부분 투빠(thūpa, Sk. stūpa, 스뚜빠)라는 단어를 사용한다. 스뚜빠라는 단어는 브라흐마나(제의서) 문헌에서 묘지 — 초기 아리야족들은 화장이 아닌 매장을 하였다 — 라는 뜻으로 나타나고 있다. 초기경에서 쩨띠야는 불교 이전부터 있었던 신성한 곳을 말하며 불교 수행자들뿐 아니라 여러 종교의 수행자들의 좋은 거주처가 되었고 부처님께서도 이런 쩨띠야에 많이 머무셨다.

"그렇게 하겠습니다, 세존이시여."라고 아난다 존자는 세존께 대답한 뒤 좌구를 챙겨서 세존의 뒤를 따라갔다.

3.2. 세존께서는 짜빨라 탑묘로 가셔서 마련된 자리에 앉으셨다. 아난다 존자도 세존께 절을 올린 뒤 한 곁에 앉았다. 한 곁에 앉은 아난다 존자에게 세존께서는 이렇게 말씀하셨다.

"아난다여, 웨살리는 아름답구나. 우데나 탑묘도 아름답고, 고따마까 탑묘도 아름답고, 삿땀바까 탑묘도 아름답고, 바후뿟따 탑묘(다자탑)도 아름답고, 사란다다 탑묘도 아름답고, 짜빨라 탑묘도 아름답구나."69)

후대로 내려오면서 불교 사원에서 불상이나 탑을 모시고 예배드리는 곳은 쩨띠야(cetiya, Sk. caitya)라 부르고, 스님들이 머무는 곳은 문자 그대로 위하라(vihāra)라고 부르고 있다. 우리 식으로 말한다면 대웅전, 관음전, 명부전 등은 쩨띠야이고 스님들이 거주하는 요사채는 위하라라고 부른다고 이해하면 되겠다.

69) 본경에 나타나듯이 웨살리에는 우데나(Udena), 고따마까(Gotamaka), 삿땀바까(Sattambaka), 바후뿟따(Bahuputta, 多子塔), 사란다다(Sārandada), 짜빨라(Cāpāla) 등의 많은 탑묘(cetiya)들이 있었다. 주석서에서 "우데나 탑묘라는 것은 우데나 약카(yakkha, 야차)의 탑묘 자리에 만든 거처(vihāra)를 말한다. 고따마까 탑묘 등도 같은 뜻이다."(DA.ii. 555)라고 설명하고 있듯이 이들은 약카(yakkha, 야차)를 섬기는 곳이었다고 한다.

약카는 특히 자이나 문헌에서 숭배의 대상으로 많이 등장하는데 이것은 자이나 창시자인 마하위라가 이곳 웨살리 출신이며 웨살리의 니간타(자이나)들이 초기경에서 다수 등장하는 것과도 무관하지 않은 것 같다. 웨살리에 대해서는 『디가 니까야』 제1권 「마할리 경」(D6) §1의 주해를 참조할 것.

3.3. "아난다여, 누구든지 네 가지 성취수단[四如意足]70)을 닦고, 많이 [공부]짓고, 수레로 삼고, 기초로 삼고, 확립하고, 굳건히 하고, 부지런히 닦은 사람은 원하기만 하면 일 겁을 머물 수도 있고, 겁이 다하도록 머물 수도 있다. 아난다여, 여래는 네 가지 성취수단을 닦고, 많이 [공부]짓고, 수레로 삼고, 기초로 삼고, 확립하고, 굳건히 하고, 부지런히 닦았다. 여래는 원하기만 하면 일 겁을 머물 수도 있고 겁이 다하도록 머물 수도 있다."

3.4. 세존께서 이와 같이 분명한 암시를 주시고 분명한 빛을 드러내셨다. 그러나 아난다 존자는 그 [뜻]을 꿰뚫어 보지 못했으니, 그의 마음이 마라71)에게 사로잡혔기 때문이다. 그

---

70) 네 가지 성취수단(iddhipāda)은 四如意足으로 한역되었다. 네 가지 성취수단은 『디가 니까야』 제2권 「자나와사바 경」(D18) §22의 주해를 참조할 것.
71) 마라(Māra)는 초기경의 아주 다양한 문맥에서 아주 많이 나타나며, 초기경에 나타나는 마라를 연구하는 자체가 하나의 논문감에 해당한다. 전통적으로 빠알리 주석서는 이런 다양한 마라의 언급을 다섯 가지로 정리한다. 그것은 오염원(kilesa)으로서의 마라(ItvA.197; ThagA.ii. 70 등), 무더기(蘊, khandha)로서의 마라(S.iii.195 등), 업형성력(abhisaṅkhāra)으로서의 마라, 신(devaputta)으로서의 마라, 죽음(maccu)으로서의 마라이다.(ThagA.ii.46; 46; Vis.VII.59 등) 『청정도론』에서는 부처님은 이러한 다섯 가지 마라를 부순 분(bhaggavā)이기에 세존(bhagavā)이라 한다고 설명하고 있다.(VII. 59) 그러므로 열반이나 출세간이 아닌 모든 경지는 마라의 영역에 속

래서 그는 세존께 "세존이시여, 세존께서는 많은 사람의 이익

한다고 할 수 있다.

특히 신으로서의 마라는 자재천(Vasavatti)의 경지에 있는 다마리까 천신(Dāmarika-devaputta)이라고도 불리는데 마라는 욕계의 최고 천상인 타화자재천(Paranimmitavasavatti)에 거주하면서 수행자들이 욕계를 벗어나 색계·무색계·출세간의 경지로 향상하는 것을 방해하는 자이기 때문이다.(SnA.i.44; MA.i.28) 그리고 그는 신들의 왕인 인드라(삭까)처럼 군대를 가지고 있으며 이를 마군(魔軍, Māra-sena)이라고 한다. 이처럼 그는 유력한 신이다.

주석서들에서는 Māra의 어원을 한결같이 √mṛ(*to kill, to die*)로 본다. 물론 산스끄리뜨 문헌들에서도 죽음을 뜻하는 √mṛ로도 보기도 하지만 역자는 기억을 뜻하는 √smṛ(*to remember*)로 보는 입장이다. 왜냐하면 Māra의 산스끄리뜨는 인도 최고의 희곡인 『샤꾼딸라』 등에서 Smāra로 나타나기 때문이다. 스마라는 바로 기억을 뜻하는 √smṛ에서 파생된 명사이다.

힌두 신화에서 마라는 사랑의 신을 뜻하는 까마데와(Kāmadeva)이며 이 신의 많은 별명 가운데 하나가 스마라이다. 까마데와는 로마 신화의 사랑의 신인 큐피드(Cupid)에 해당한다. 사랑의 신 까마데와도 큐피드처럼 사랑의 화살을 가지고 다니면서 화살을 쏜다. 이 화살에 맞으면 사랑의 열병에 걸린다. 산스끄리뜨 문학 작품에 의하면 마라는 수련화(Aravinda), 아쇼까 꽃(Aśoka), 망고 꽃(Cūta), 쟈스민(Navamālikā), 청련화(Nīlotpala)의 다섯 가지 꽃 화살을 가지고 있다고 하며, 이러한 까마데와의 꽃 화살에 맞게 되면 사랑에 빠지게 된다고 한다. 불교주석서들에서도 이러한 다섯 가지 마라의 꽃 화살은 언급되고 있다. 이처럼 마라는 유혹자이다. 이성을 서로 꼬드기게 한다. 이런 의미에서 마라는 *Tempter*(유혹자, 사탄)이다. 그래서 마라를 *Tempter*라고 옮기는 서양학자도 있다.

그리고 이 √smṛ에서 파생된 것이 빠알리의 sati이고 이것이 마음챙김이다. 마음챙김과 마라는 이렇게 대비가 된다. 이렇게 마라의 어원을 √smṛ(*to remember*)로 이해하면 마음챙김의 중요성을 새삼 절감케 하는 아주 의미심장한 해석이 된다.

을 위하고, 많은 사람의 행복을 위하고, 세상을 연민하고, 신과 인간의 이상과 이익과 행복을 위하여, 일 겁을 머물러 주소서. 부디 선서께서는 일 겁을 머물러 주소서."라고 간청하지 않았다.72)

3.5. 두 번째로 … 세 번째로 세존께서는 아난다 존자를 불러서 말씀하셨다.

"아난다여, 웨살리는 아름답구나. 우데나 탑묘도 아름답고, 고따마까 탑묘도 아름답고, 삿땀바까 탑묘도 아름답고, 바후뿟따 탑묘(다자탑)도 아름답고, 사란다다 탑묘도 아름답고, 짜빨라 탑묘도 아름답구나.

아난다여, 누구든지 네 가지 성취수단[四如意足]을 닦고, 많이 [공부]짓고, 수레로 삼고, 기초로 삼고, 확립하고, 굳건히 하고, 부지런히 닦은 사람은 원하기만 하면 일 겁을 머물 수도 있고 겁이 다하도록 머물 수도 있다. 아난다여, 여래는 네 가지 성취수단을 닦고, 많이 [공부]짓고, 수레로 삼고, 기초로 삼고, 확립하고, 굳건히 하고, 부지런히 닦았다. 여래는 원하기만

---

72) 아난다 존자가 세존께 오래 머무시기를 간청하지 않은 이것은 부처님 입멸 후에 마하깟사빠(대가섭) 존자를 비롯한 승가 대중으로부터 크게 비판받는 것 가운데 하나이다.(Vin.ii.289) 한편 이런 간청은 청불주세원(請佛住世願)이라 해서 『화엄경』에서 보현보살 10대원에 포함될 정도로, 후대 모든 불교 교파에서는 아난다 존자가 부처님께 오래 머무시기를 청하지 않은 것을 애통해 하고 있다.

하면 일 겁을 머물 수도 있고 겁이 다하도록 머물 수도 있다."

세존께서 이와 같이 분명한 암시를 주시고 분명한 빛을 드러내셨는데도 아난다 존자는 그 [뜻]을 꿰뚫어 보지 못했으니, 그의 마음은 마라에게 사로잡혔기 때문이다. 그래서 그는 세존께 "세존이시여, 세존께서는 많은 사람의 이익을 위하고 많은 사람의 행복을 위하고 세상을 연민하고 신과 인간의 이상과 이익과 행복을 위하여 일 겁을 머물러 주소서. 부디 선서께서는 일 겁을 머물러 주소서."라고 간청하지 않았다.

3.6. 그러자 세존께서는 아난다 존자를 불러서 말씀하셨다. "아난다여, 그대는 좀 떨어져 있어라. 이제 그럴 시간이 된 것 같구나."

"그렇게 하겠습니다, 세존이시여."라고 아난다 존자는 세존께 대답한 뒤 자리에서 일어나 세존께 절을 올리고 오른쪽으로 [세 번] 돌아 [경의를 표한] 뒤에 멀지 않은 곳에 있는 어떤 나무 아래 앉았다.

마라의 간청

3.7. 그러자 마라 빠삐만73)이 아난다 존자가 떠난 지 오

---

73) "중생들에게 불행을 불러일으켜 죽게 한다고 해서 마라라고 한다.(satte anatthe niyojento māretīti māro) 빠삐만(pāpiman)이란 그의 별명이다. 그는 참으로 사악한 법(pāpa-dhamma)을 고루 갖추

래되지 않아서 세존께 다가갔다. 가서는 한 곁에 섰다. 한 곁에 서서 마라 빠삐만은 세존께 이렇게 말씀드렸다.

"세존이시여, 이제 세존께서는 반열반(般涅槃)[74])에 드십시오. 선서께서는 반열반에 드십시오. 세존이시여, 지금이 세존께서 반열반에 드실 시간입니다. 세존이시여, 세존께서는 [전에] 이렇게 말씀하셨습니다. '빠삐만이여, 나는 나의 비구 제자들이[75]) 입지가 굳고, 수행이 되고, 출중하며[76]), 많이 배우고[多聞][77]), 법을 잘 호지(護持)하고[78]), [출세간]법에 이르게 하

고 있기 때문에 빠삐만(사악한 자)이라 부른다. 깐하(Kaṇha, 검은 자), 안따까(Antaka, 끝을 내는 자), 나무찌(Namuci), 방일함의 친척(pamatta-bhandu)이라는 다른 이름들도 그는 가지고 있다."(*Ibid*)

74) 반열반(般涅槃)은 parinibbāna의 음역이다. 무여열반을 반열반이라 부른다. 무여열반과 유여열반에 대해서는 본경 §3.20의 주해를 참조할 것.

75) 마라가 인용하는 세존의 이런 말씀을 통해서 세존께서 바라는 참된 비구의 모습을 알 수 있다. 그래서 주석서의 설명을 통해서 이 각각의 의미를 살펴본다.

76) "'입지가 굳고(viyattā)'란 도에 의해서 입지가 굳다는 말이다. 이와 같이 [도에 의해서 오염원들을 잘라 버리는] 수행이 되고(vinīta), 이와 같이 [성스러운 도에 의해서 스승의 교법에서] 출중하다(visārada)는 말이다."(DA.ii.556)

77) "삼장(三藏, tepiṭaka)에 대해서 많이 배운 자들이라고 해서 많이 배운 자들(bahussutā)이다."(*Ibid*)

78) "법을 호지한다고 해서 법을 호지하는 자들(dhammadharā)이다. 혹은 교학(pariyatti)을 많이 배우고 통찰(paṭivedha)을 많이 배웠다는 뜻이다. 교학과 통찰의 법들을 호지하기 때문에 법을 호지하는 자들이라고 알아야 한다."(*Ibid*)

는 법을 닦고79), 합당하게 도를 닦고80), 법을 따라 행하며81), 자기 스승에게 속하는 것을 파악한 뒤 그것을 천명하고 가르치고 알게 하고 확립하고 드러내고 분석하고 명료하게 설명하며, 다른 [삿된] 교설이 나타날 때 그것을 법으로82) 잘 제압하

---

79) '[출세간]법에 이르게 하는 법을 닦고'로 옮긴 원어는 dhamma-anu-dhamma-paṭipanno이다. 먼저 몇몇 주석서들의 설명을 살펴보면 다음과 같다.
"아홉 가지 출세간법(lokuttara-dhamma)을 따르는 법을 닦는 것이다."(DA.ii.578)
"출세간법을 따르는 법이 되는 그 이전의 도닦음을 닦는 것이다."(DA.iii.1020)
"출세간인 열반의 법을 따르는 법인 [그 이전의] 도닦음을 닦는 것이다."(SA.ii.34)
"여기서 '그 이전의 도닦음'이란 위빳사나에 몰두하는 것(vipassan-ānuyoga)이다."(DAṬ.iii.307) 그래서 『디가 니까야 주석서』의 본 경에 해당하는 주석에는 "성스러운 법(ariya-dhamma)에 이르게 하는 법인 위빳사나의 법을 닦는 것이다."(DA.ii.556)라고 설명을 하고 있다. '아홉 가지 출세간법'이란 예류도·예류과부터 아라한도·아라한과까지의 여덟 성자[四雙八輩]와 열반을 말한다.
어떤 경우에는 dhamma-anudhamma를 "법과 따르는 법(dhammañ ca anudhammañ ca)"(DA.iii.929)으로 병렬복합어로 이해한 곳도 있는데 이 경우에는 '[출세간]법과 [그것에] 이르게 하는 법'이라는 뜻이다.

80) "합당하게 도를 닦음(sāmīci-ppaṭipannā)이란 적당한(anucchavika) 도를 닦는 것이다."(*Ibid*)

81) "법을 따라 행하는 자들(anudhammacārino)이란 법을 따라 행하는 습성(sīla)을 가진 자들이다."(*Ibid*)

82) "여기서 '법으로(sahadhammena)'라는 것은 원인을 갖추고(sahetu-ka) 이유를 갖춘(sakāraṇa) 말(vacana)로 제압한다는 [뜻이다.]"

고, 제압한 뒤 [해탈을 성취하는] 기적을 갖춘83) 법을 설할 수 있게 되기까지는 반열반에 들지 않을 것이다.'라고"

3.8. "세존이시여, 그러나 지금 세존의 비구 제자들은 입지가 굳고, 수행이 되고, 출중하며, 많이 배우고, 법을 잘 호지하고, [출세간]법에 이르게 하는 법을 닦고, 합당하게 도를 닦고, 법을 따라 행하며, 자기 스승에게 속하는 것을 파악한 뒤 그것을 천명하고 가르치고 알게 하고 확립하고 드러내고 분석하고 명료하게 설명하며, 다른 [삿된] 교설이 나타날 때 그것을 법으로 잘 제압하고, 제압한 뒤 [해탈을 성취하는] 기적을

(*Ibid*)

83) "'[해탈을 성취하는] 기적을 갖춘(sappāṭihāriya)'이란 [해탈의] 출구(niyyānika, 벗어남, D13.§11의 주해 참조)를 만든 뒤에 법을 설하는 것이다."(*Ibid*)
여기에 대해서 복주서는 "아홉 가지의 출세간법을 깨닫게 할 것이라는 뜻이다."(DAṬ.ii.195)라고 설명하고 있다. 아홉 가지 출세간법이란 예류도와 예류과부터 아라한도와 아라한과까지의 8가지와 열반을 말한다.
한편 본서에 pāṭihāriya는 iddhi-pāṭihāriya(신통의 기적)로 나타나며 이것은 신통변화(iddhividha, 신족통)와 동의어로 쓰인다. 그래서 여기서도 sa-pāṭihāriya를 '기적을 갖춘'이라고 옮겼다. 사실 범부를 성자로 만들고, 범부로 하여금 최상의 해탈·열반을 실현하게 만드는 부처님의 가르침이야말로 기적 중의 기적이 아닐 수 없다. 그러니 중생들이 욕계 천상을 벗어나는 것을 견디지 못하는 마라가 부처님의 출현에 안절부절 못하여 빨리 반열반에 드시라고 권하는 것은 당연한지도 모른다.

갖춘 법을 설할 수 있습니다. 세존이시여, 그러니 이제 세존께서는 반열반에 드십시오. 선서께서는 반열반에 드십시오. 세존이시여, 지금이 세존께서 반열반에 드실 시간입니다.

세존이시여, 세존께서는 [전에] 이렇게 말씀하셨습니다. '빠삐만이여, 나는 나의 비구니 제자들이 입지가 굳고, 수행이 되고, 출중하며, 많이 배우고, 법을 잘 호지하고, [출세간]법에 이르게 하는 법을 닦고, 합당하게 도를 닦고, 법을 따라 행하며, 자기 스승에게 속하는 것을 파악한 뒤 그것을 천명하고 가르치고 알게 하고 확립하고 드러내고 분석하고 명료하게 설명하며, 다른 [삿된] 교설이 나타날 때 그것을 법으로 잘 제압하고, 제압한 뒤 [해탈을 성취하는] 기적을 갖춘 법을 설할 수 있게 되기까지는 반열반에 들지 않을 것이다.'라고

세존이시여, 그러나 지금 세존의 비구니 제자들은 입지가 굳고, 수행이 되고, 출중하며, 많이 배우고, 법을 잘 호지하고, [출세간]법에 이르게 하는 법을 닦고, 합당하게 도를 닦고, 법을 따라 행하며, 자기 스승에게 속하는 것을 파악한 뒤 그것을 천명하고 가르치고 알게 하고 확립하고 드러내고 분석하고 명료하게 설명하며, 다른 [삿된] 교설이 나타날 때 그것을 법으로 잘 제압하고, 제압한 뒤 [해탈을 성취하는] 기적을 갖춘 법을 설할 수 있습니다. 세존이시여, 그러니 이제 세존께서는 반열반에 드십시오. 선서께서는 반열반에 드십시오. 세존이시여,

지금이 세존께서 반열반에 드실 시간입니다.

세존이시여, 세존께서는 [전에] 이렇게 말씀하셨습니다. '빠삐만이여, 나는 나의 청신사 제자들이 입지가 굳고, 수행이 되고, 출중하며, 많이 배우고, 법을 잘 호지하고, [출세간]법에 이르게 하는 법을 닦고, 합당하게 도를 닦고, 법을 따라 행하며, 자기 스승에게 속하는 것을 파악한 뒤 그것을 천명하고 가르치고 알게 하고 확립하고 드러내고 분석하고 명료하게 설명하며, 다른 [삿된] 교설이 나타날 때 그것을 법으로 잘 제압하고, 제압한 뒤 [해탈을 성취하는] 기적을 갖춘 법을 설할 수 있게 되기까지는 반열반에 들지 않을 것이다.'라고.

세존이시여, 그러나 지금 세존의 청신사 제자들은 입지가 굳고, 수행이 되고, 출중하며, 많이 배우고, 법을 잘 호지하고, [출세간]법에 이르게 하는 법에 따라 도를 닦고, 합당하게 도를 닦고, 법을 따라 행하며, 자기 스승에게 속하는 것을 파악한 뒤 그것을 천명하고 가르치고 알게 하고 확립하고 드러내고 분석하고 명료하게 설명하며, 다른 [삿된] 교설이 나타날 때 그것을 법으로 잘 제압하고, 제압한 뒤 [해탈을 성취하는] 기적을 갖춘 법을 설할 수 있습니다. 세존이시여, 그러니 이제 세존께서는 반열반에 드십시오. 선서께서는 반열반에 드십시오. 세존이시여, 지금이 세존께서 반열반에 드실 시간입니다.

세존이시여, 세존께서는 [전에] 이렇게 말씀하셨습니다. '빠

빠삐만이여, 나는 나의 청신녀 제자들이 입지가 굳고, 수행이 되고, 출중하며, 많이 배우고, 법을 잘 호지하고, [출세간]법에 이르게 하는 법을 닦고, 합당하게 도를 닦고, 법을 따라 행하며, 자기 스승에게 속하는 것을 파악한 뒤 그것을 천명하고 가르치고 알게 하고 확립하고 드러내고 분석하고 명료하게 설명하며, 다른 [삿된] 교설이 나타날 때 그것을 법으로 잘 제압하고, 제압한 뒤 [해탈을 성취하는] 기적을 갖춘 법을 설할 수 있게 되기까지는 반열반에 들지 않을 것이다.'라고.

세존이시여, 그러나 지금 세존의 청신녀 제자들은 입지가 굳고, 수행이 되고, 출중하며, 많이 배우고, 법을 잘 호지하고, [출세간]법에 이르게 하는 법을 닦고, 합당하게 도를 닦고, 법을 따라 행하며, 자기 스승에게 속하는 것을 파악한 뒤 그것을 천명하고 가르치고 알게 하고 확립하고 드러내고 분석하고 명료하게 설명하며, 다른 [삿된] 교설이 나타날 때 그것을 법으로 잘 제압하고, 제압한 뒤 [해탈을 성취하는] 기적을 갖춘 법을 설할 수 있습니다. 세존이시여, 그러니 이제 세존께서는 반열반에 드십시오. 선서께서는 반열반에 드십시오. 세존이시여, 지금이 세존께서 반열반에 드실 시간입니다.

세존이시여, 세존께서는 [전에] 이렇게 말씀하셨습니다. '빠삐만이여, 나는 나의 이러한 청정범행[84]이 잘 유지되고, 번창

---

84) "'청정범행(brahma-cariya, 梵行)'이란 [계·정·혜] 삼학(sikkha-

하고, 널리 퍼지고, 많은 사람들이 따르고, 대중적이어서 신과 인간들 사이에서 잘 설명되기까지는 반열반에 들지 않을 것이다.'라고

 세존이시여, 그러나 지금 세존의 이러한 청정범행은 잘 유지되고, 번창하고, 널리 퍼지고, 많은 사람들이 따르고, 대중적이어서 신과 인간들 사이에서 잘 설명되었습니다. 세존이시여, 그러니 이제 세존께서는 반열반에 드십시오. 선서께서는 반열반에 드십시오. 세존이시여, 지금이 세존께서 반열반에 드실 시간입니다."

3.9. 이렇게 말씀드리자 세존께서는 마라 빠삐만에게 이렇게 말씀하셨다. "빠삐만이여, 그대는 조용히 있어라. 오래지 않아 여래는 반열반에 들 것이다. 지금부터 3개월이 넘지 않아서 여래는 반열반에 들 것이다."

수명의 상카라를 포기하심

3.10. 그리고 세존께서는 짜빨라 탑묘에서 마음챙기고 알아차리시면서 수명(壽命)의 상카라를 포기하셨다.85) 세존께서

---

　　ttaya)을 모두 합친 전체 교법(sāsana)이라는 청정범행이다."(DA. ii.556)
85) "여기서 세존께서는 손으로 흙덩이(leḍḍu)를 [버리]듯이 그렇게 수명의 상카라를 포기하시지 않았다. 앞으로 석 달간만 증득(samāpatti, 等至, 본삼매)을 유지하시고(samāpajjitvā) 그 후에는 증득을 유지

수명의 상카라를 포기하시자, 무시무시하고 털을 곤두서게 하는 큰 지진이 있었으며 천둥번개가 내리쳤다. 그때 세존께서는 이런 것을 아시고 그 시간에 다음의 감흥어를 읊으셨다.

> "잴 수 없는 [열반과] 존재를 견주어 보고[86]
> 성자는 존재의 상카라를 포기하였고[87]
> 안으로 침잠하고 삼매에 들어[88]
> 껍질을 벗듯이 자신의 생성을 벗어버렸노라."

대지가 진동하는 이유

3.11. 그때 아난다 존자에게 이런 생각이 들었다. "참으로 경이롭고, 참으로 놀랍구나. 이렇게 크게 대지가 진동하다니!

하지 않을 것이라고 마음을 일으키셨다는 뜻이다. 이것을 두고 '포기하셨다.'고 말씀하셨다."(*Ibid*)
86) 주석서에서는 잴 수 없는 것(atula)을 열반이라고 설명하고 있다. (DA.ii.557) 그러므로 열반과 존재(sambhava) 둘을 견주어 보고 무상하기 짝이 없는 존재를 포기하셨다는 뜻이다.
87) "'다섯 가지 무더기들[五蘊]은 무상하지만 이런 다섯 가지 무더기들의 소멸인 열반은 항상한다.'라는 등으로 재어보면서 부처님께서는 존재에서 위험과 열반에서 이익을 보신 뒤, 무더기들의 근본이 되는 존재의 상카라의 업(bhava-saṅkhāra-kamma)을 '업의 소멸(kamma-kkhaya)이 있다.'(M59/i.389)라고 설하신, 업을 소멸하는 성스러운 도를 통해서 포기하셨다."(DA.ii.557)
88) "위빳사나를 통해서 안으로 침잠하시고, 사마타를 통해서 삼매에 드셨다."(*Ibid*)

이렇게 무시무시하고 털을 곤두서게 하는 큰 지진이 있고 천둥번개가 내리치다니! 도대체 무슨 이유와 무슨 조건 때문에 이처럼 큰 지진이 일어났는가?"

3.12. 그러자 아난다 존자는 세존께 다가갔다. 가서는 세존께 절을 올리고 한 곁에 앉았다. 한 곁에 앉은 아난다 존자는 세존께 이와 같이 여쭈었다. "세존이시여, 참으로 경이롭습니다. 세존이시여, 참으로 놀랍습니다. 이렇게 크게 대지가 진동하다니요! 이렇게 무시무시하고 털을 곤두서게 하는, 엄청나게 큰 지진이 있고 천둥번개가 내리치다니요! 도대체 무슨 이유와 무슨 조건 때문에 이처럼 큰 지진이 일어났습니까?"

3.13. "아난다여, 여덟 가지 원인과 여덟 가지 조건 때문에 큰 지진은 일어난다. 무엇이 여덟인가? 아난다여, ① 이 대지는 물에 놓여 있고 물은 바람에 놓여 있고 바람은 허공에 놓여 있다. 아난다여, 큰 바람이 불기 시작하면 큰 바람은 불면서 물을 흔들고 물은 흔들려서 땅을 흔든다. 이것이 큰 지진이 일어나는 첫 번째 원인이요 첫 번째 조건이다."

3.14. "다시 아난다여, ② 신통이 있고 마음의 자유자재를 얻은 사문이나 바라문이나, 큰 신통과 큰 위력을 가진 신이 있는데 그들의 인식이 땅에 대해서는 제한적으로 개발되었지만

물에 대한 인식은 무량하게 개발되었다. 이런 자들이 이 땅을 흔들리게 하고 아주 흔들리게 하고 강하게 흔들리게 하고 요동치게 한다. 이것이 큰 지진이 일어나는 두 번째 원인이요 두 번째 조건이다."

3.15. "다시 아난다여, ③ 보살이 마음챙기고 분명하게 알아차리면서 도솔천에서 몸을 버리고 모태에 들 때에 땅은 흔들리고 많이 흔들리고 강하게 흔들리고 요동친다. 이것이 큰 지진이 일어나는 세 번째 원인이요 세 번째 조건이다."

3.16. "다시 아난다여, ④ 보살이 마음챙기고 분명하게 알아차리면서 모태로부터 나올 때에 땅은 흔들리고 많이 흔들리고 강하게 흔들리고 요동친다. 이것이 큰 지진이 일어나는 네 번째 원인이요 네 번째 조건이다."

3.17. "다시 아난다여, ⑤ 여래가 위없는 정등각을 깨달을 때에 땅은 흔들리고 아주 흔들리고 강하게 흔들리고 요동친다. 이것이 큰 지진이 일어나는 다섯 번째 원인이요 다섯 번째 조건이다."

3.18. "다시 아난다여, ⑥ 여래가 위없는 법의 바퀴를 굴릴 때에 땅은 흔들리고 아주 흔들리고 강하게 흔들리고 요동친다. 이것이 큰 지진이 일어나는 여섯 번째 원인이요 여섯 번째

조건이다."

3.19. "다시 아난다여, ⑦ 여래가 마음챙기고 알아차리면서 수명의 상카라를 포기할 때에 땅은 흔들리고 아주 흔들리고 강하게 흔들리고 요동친다. 이것이 큰 지진이 일어나는 일곱 번째 원인이요 일곱 번째 조건이다."

3.20. "다시 아난다여, ⑧ 여래가 무여[89]열반의 요소[界][90]

---

89) '무여'로 옮긴 원어는 anupādisesa이다. 이것은 an(부정접두어)+upādi(취)+sesa(남음)으로 분석 된다. 그래서 무여(無餘)로 옮기고 이와 반대되는 것은 saupādi-sesa이며 유여(有餘)로 옮긴다.
여기서 upādi는 upa(위로)+ā(이 쪽으로)+√dā(to give)에서 파생된 남성명사로서(이것은 12연기에서 取로 번역하는 upādāna와 같은 어원을 가졌다) '위로 받아들이다'라는 문자적인 의미에서 '거머쥐고 있음, 남아 있음'을 뜻한다. 거의 대부분 sa-upādisesa와 an-upādisesa로만 나타나고 이 둘은 다시 거의 대부분 열반과 함께 쓰여서 중국에서는 각각 유여열반과 무여열반으로 번역되었다. 주석서들에서는 이 우빠디가 생명을 지속시켜 주는 연료와도 같은 것이어서 바로 오온을 가리킨다고 설명한다.(VṬ)
sesa는 √śiṣ(to leave)에서 파생된 형용사로 문자적인 뜻 그대로 '남아 있는'을 뜻한다. 그래서 유여열반(sa-upādisesa-nibbāna)은 '받은 것이 남아 있는 열반'이라는 뜻이며, 아라한들의 경우 번뇌는 완전히 멸진되었지만 그의 수명이 남아 있는 한 과거의 취착의 산물인 오온은 아직 잔류해 있기 때문에 유여열반이라 한다. 무여열반(an-upādisesa-nibbāna)은 이런 오온까지도 완전히 멸한 열반을 말한다. 그래서 이런 무여열반을 빠리닙바나(parinibbāna)라고 하며 중국에서는 반열반(般涅槃)으로 옮겼다.
90) '열반의 요소'는 nibbāna-dhātu의 역어이다. 열반을 열반의 요소[涅槃界]라고 표현하는 것은 『디가 니까야』, 『상윳따 니까야』, 『앙굿

로 반열반할 때에 땅은 흔들리고 아주 흔들리고 강하게 흔들리고 요동친다. 이것이 큰 지진이 일어나는 여덟 번째 원인이요 여덟 번째 조건이다. 이들 여덟 가지 원인과 여덟 가지 조건 때문에 큰 지진은 일어난다."

따라 니까야』의 몇 군데에 나타난다. 중요한 것은 이 열반의 요소라는 표현은 거의 대부분 여기서처럼 무여열반이나 반열반의 문맥에서 나타나고 있다는 점이다. 그러면 왜 무여열반이나 반열반의 문맥에서는 열반의 요소라는 표현을 사용할까? 주석서들에서는 열반의 요소에 대한 설명은 나타나지 않고 당연한 것으로 받아들인다.

요소(dhātu, 界)라는 술어를 써서 열반을 표현하는 것은 열반도 구경법(paramattha)의 하나라는 점을 강조하기 위해서 일 것이다. 잘 알려진 대로 초기불교와 아비담마에서는 일체법(一切法, sabbe dhammā, 諸法, 구경법)을 [81가지] 유위법과 [한 가지] 무위법으로 분류한다. 이러한 일체법의 법(dhamma)은 √dhṛ(to hold)에서 파생된 술어이며 이 dhātu(계, 요소)도 같은 어근에서 생긴 술어이다. 자세한 것은 『아비담마 길라잡이』7장 §37의 해설을 참조할 것. 그리고 일체법[諸法]은 18계(요소)로 분류하기도 하는데 상좌부에서는 『아비담마 길라잡이』7장의 <도표 7.4>에서 보듯이 열반도 법의 요소[法界]에 포함시키고 있다. 이것은 본경에서처럼 무위법인 열반도 요소라는 술어를 사용하여 표현하고 있기 때문이다.

무엇보다도 이렇게 무여열반이나 반열반이나 열반을 요소[界]라는 술어를 사용하여 기술하는 가장 중요한 이유는, 자칫 열반 — 특히 부처님이나 아라한의 반열반(무여열반) — 을 아무 것도 없는 허무적멸의 경지로 오해할 소지를 없애기 위해서일 것이다. 그래서 이 열반의 요소라는 표현은 반열반 혹은 무여열반의 문맥에서 나타나고 있다.

여덟 가지 회중

3.21. "아난다여, 여덟 가지 회중[八會衆]이 있나니[91] 끄샤뜨리야의 회중, 바라문의 회중, 장자의 회중, 사문의 회중, 사대천왕의 회중, 삼십삼천의 회중, 마라의 회중, 범천의 회중이다."

3.22. "아난다여, 전에 나는 수백의 끄샤뜨리야 회중을 만나러 가서 거기에 함께 앉았고 대화를 하였고 토론에 몰두하였음을 잘 알고 있다. 거기서 그들이 어떤 [빼어난] 용모를 가졌다 할지라도 나도 그런 [빼어난] 용모를 가졌으며, 그들이 어떤 [좋은] 음성을 가졌다 할지라도 나도 그런 [좋은] 음성을 가졌다. 나는 그들에게 법을 설하고 격려하고 분발하게 하고 기쁘게 하였지만 그들은 내가 그렇게 말할 때 '누가 이런 말을 하는가, 그는 신인가 인간인가?'라고 하면서 나를 알지 못하였다. 나는 그들에게 법을 설하고 격려하고 분발하게 하고 기쁘게 한 뒤 사라졌나니 그들은 내가 사라졌을 때 '누가 여기서 사라졌는가, 그는 신인가 인간인가?'라고 하면서 나를 알지 못하였다."

3.23. "아난다여, 전에 나는 수백의 바라문의 회중을 … 장자의 회중을 … 사문의 회중을 … 사대천왕의 회중을 … 삼십

---

91) 이하 §3.23까지는 『앙굿따라 니까야』 제5권 「회중 경」(A8:69)과 같은 내용이다.

삼천의 회중을 … 마라의 회중을 … 범천의 회중을 만나러 가서 거기에 함께 앉았고 대화를 하였고 토론에 몰두하였음을 잘 알고 있다. 거기서 그들이 어떤 [빼어난] 용모를 가졌다 할지라도 나도 그런 [빼어난] 용모를 가졌으며, 그들이 어떤 [좋은] 음성을 가졌더라도 나도 그런 [좋은] 음성을 가졌다. 나는 그들에게 법을 설하고 격려하고 분발하게 하고 기쁘게 하였지만 그들은 내가 그렇게 말할 때 '누가 이런 말을 하는가, 그는 신인가 인간인가?'라고 하면서 나를 알지 못하였다. 나는 그들에게 법을 설하고 격려하고 분발하게 하고 기쁘게 한 뒤 사라졌나니 그들은 내가 사라졌을 때 '누가 여기서 사라졌는가, 그는 신인가 인간인가?'라고 하면서 나를 알지 못하였다."

여덟 가지 지배의 경지

3.24. "아난다여, 여덟 가지 지배의 경지[八勝處][92])가 있다.

---

92) '지배의 경지'로 옮긴 원어는 abhibhāyatana인데 이는 abhibhu + āyatana의 합성어이다. 복주서에서 지배의 경지란 禪이라고 설명하듯이 이것은 여덟 단계의 삼매의 경지를 뜻한다. 주석서의 설명을 살펴보자.
 "'지배의 경지'란 지배를 행하는 것(abhibhavan-akāraṇa)이다. 그러면 무엇을 지배하는가? 반대가 되는 법(paccanīka-dhamma)들과 대상(ārammaṇa)들을 [지배한다]. 상대가 됨(paṭipakkha-bhāva)에 의해서 반대가 되는 법들을 지배하고 인간의 최고의 지혜로 대상들을 지배한다."(DA.ii.561)
 복주서에서는 "지배란 준비(parikamma) 혹은 지혜(ñāṇa)이다. 지

무엇이 여덟인가?"

3.25. "① 어떤 자는 안으로 물질[色]을 인식하면서,93) 밖으로 좋은 색깔이나 나쁜 색깔을 가진 제한된 물질들을 본다. 이것들을 지배하면서 '나는 알고 본다.'라고 이렇게 인식한다. 이것이 첫 번째 지배의 경지이다."94)

> 배의 경지란 禪(jhāna)이다. 지배 되어야 하는 경지나 대상이라 불리는 경지가 지배의 경지이다. 대상을 지배하기 때문에 지배이며, 그런 경지이기도 한 이런 것이 수행자(yogi)의 특별한 행복들을 굳세게 하기 때문에, 혹은 [수행자의] 마노의 감각장소[意處]와 법의 감각장소 [法處]가 되기 때문에, 이러한 것들과 함께 하는 禪이 바로 지배의 경지이다."(DAṬ.ii.205)라고 설명한다.
> 본 가르침은 『앙굿따라 니까야』 제5권 「지배 경」(A8:65)과 같은 내용이다.
93) 주석서에서는 준비단계(parikamma)를 통해서 안의 물질들을 청·황·적·백으로 인식하는 것이라 설명한다. 즉 "머리털, 담즙 등에 대해서는 푸른색의 준비단계의 [표상]을 만들고, 굳기름과 피부 등에 대해서는 노란색을, 살과 피와 혀 등에 대해서는 붉은색을, 뼈와 이빨과 손톱 등에 대해서는 흰색의 준비단계의 [표상]을 만든다. 그러나 이들은 아직 [닮은 표상]이 아니기 때문에 아주 선명한 청·황·적·백의 색깔은 아니다."(DA.ii. 561)라고 설명하고 있다.
복주서에서는 여기에 덧붙여서 "이것은 본삼매(appanā)가 아니다. 왜냐하면 닮은 표상(paṭibhāga-nimitta)을 대상으로 가지는 본삼매는 안의 영역이 존재하지 않기 때문이다. 이것은 안의 물질들에 대해서 준비단계로 까시나의 표상을 얻은 것에 불과하다."라고 설명한다. (DAṬ.ii.205)
94) 주석서에서는 이 경지는 안의 물질들을 대상으로 하여 준비단계를 닦지만 밖의 물질들을 대상으로 삼아서 표상을 일으켜 본삼매(appanā)를 얻은 경지라고 한다. 그러나 아직 그 대상들을 확장시키지 못하기

3.26. "② 어떤 자는 안으로 물질을 인식하면서, 밖으로 좋은 색깔이나 나쁜 색깔을 가진 무량한 물질들을 본다. 이것들을 지배하면서 '나는 알고 본다.'라고 이렇게 인식한다. 이것이 두 번째 지배의 경지이다."95)

3.27. "③ 어떤 자는 안으로 물질을 인식하지 않으면서,96) 밖으로 좋은 색깔이나 나쁜 색깔을 가진 제한된 물질들을 본다. 이것들을 지배하면서 '나는 알고 본다.'라고 이렇게 인식한다. 이것이 세 번째 지배의 경지이다."

    (avaḍḍhitāni) 때문에 대상은 제한되었다고 설명한다.(DA.ii.561)
    여기서 언급되고 있는 준비단계, 닮은 표상, 본삼매, 청·황·적·백 등의 표상, 확장 등의 개념을 제대로 파악해야 지배의 경지는 이해된다. 그래서 주석서에서도 이런 뜻에 대해서는 『청정도론』에 상세하게 설명되었으므로 이를 참조하라고 덧붙이고 있다.(ettha kasiṇakaraṇañ ca parikammañca appanāvidhānañca sabbaṁ Visuddhimagge vitthārato vuttameva. - *Ibid*)
    표상에 대해서는 『아비담마 길라잡이』 9장 §5의 해설과 375~376쪽 (의문에서 본삼매 속행과정)의 해설을 참조하고, 다른 술어들은 『청정도론』 Ⅳ장을 참조할 것.
95) 여기서는 표상의 크기가 확장된(vaḍḍhitappamāṇāni) 경우이다.(DA.ii.562) 표상의 확장은 『청정도론』 Ⅳ.127 이하와 Ⅲ.109 이하를 참조할 것.
96) 세 번째 이하에서는 안의 물질들에 대한 준비단계를 닦지 않고 바로 밖의 대상에서 준비단계와 그 표상을 일으켜서 본삼매에 드는 경우를 말한다.(*Ibid*)

3.28. "④ 어떤 자는 안으로 물질을 인식하지 않으면서, 밖으로 좋은 색깔이나 나쁜 색깔을 가진 무량한 물질들을 본다. 이것들을 지배하면서 '나는 알고 본다.'라고 이렇게 인식한다. 이것이 네 번째 지배의 경지이다."97)

3.29. "⑤ 어떤 자는 안으로는 물질을 인식하지 않으면서, 밖으로 푸른 색깔을 가졌고98) 푸른 외양을 가졌고 푸른 광명을 가진 푸른 물질들을 본다. 마치 아마 꽃이 푸르고 푸른 색깔을 가졌고 푸른 외양을 가졌고 푸른 광명을 가진 것처럼, 마치 양면이 모두 부드러운 와라나시 옷감이 푸르고 푸른 색깔을 가졌고 푸른 외양을 가졌고 푸른 광명을 가진 것처럼, 어떤 자는 안으로 물질을 인식하지 않으면서 밖으로 푸르고 푸른 색깔을 가졌고 푸른 외양을 가졌고 푸른 광명을 가진 물질들

---

97) "여기서 제한된(paritta) 대상은 사색하는 기질(vitakka-carita)을 가진 사람에게 적합하고, 무량한(appamāṇa) 대상은 어리석은 기질(moha-carita)을 가진 사람에게, 좋은 색깔을 가진 대상은 성내는 기질(dosa-carita)을 가진 사람에게, 나쁜 색깔을 가진 대상은 탐하는 기질(rāga-carita)을 가진 사람에게 적합하다. 자세한 것은 『청정도론』의 기질을 설명하는 부분에서 설해졌다."(*Ibid*) 기질에 대한 자세한 설명은 『청정도론』 III.74 이하를 참조할 것.
98) 여덟 가지 지배의 경지 중 ①에서 ④까지는 제한된 대상, 무량한 대상, 좋은 색깔을 가진 대상, 나쁜 색깔을 가진 대상의 측면에서 설명하였고 이하 ⑤에서 ⑧까지는 각각 청·황·적·백의 대상으로 설명하였다.

을 본다. 이것들을 지배하면서 '나는 알고 본다.'라고 이렇게 인식한다. 이것이 다섯 번째 지배의 경지이다."[99]

3.30. "⑥ 어떤 자는 안으로는 물질을 인식하지 않으면서, 밖으로 노란 색깔을 가졌고 노란 외양을 가졌고 노란 광명을 가진 노란 물질들을 본다. 마치 깐니까라 꽃이 노랗고 노란 색깔을 가졌고 노란 외양을 가졌고 노란 광명을 가진 것처럼, 마치 양면이 모두 부드러운 와라나시 옷감이 노랗고 노란 색깔을 가졌고 노란 외양을 가졌고 노란 광명을 가진 것처럼, 어떤 자는 안으로 물질을 인식하지 않으면서 밖으로 노랗고 노란 색깔을 가졌고 노란 외양을 가졌고 노란 광명을 가진 물질들을 본다. 이것들을 지배하면서 '나는 알고 본다.'라고 이렇게 인식한다. 이것이 여섯 번째 지배의 경지이다."

3.31. "⑦ 어떤 자는 안으로는 물질을 인식하지 않으면서, 밖으로 빨간 색깔을 가졌고 빨간 외양을 가졌고 빨간 광명을 가진 빨간 물질들을 본다. 마치 월계꽃이 빨갛고 빨간 색깔을 가졌고 빨간 외양을 가졌고 빨간 광명을 가진 것처럼, 마치 양면이 모두 부드러운 와라나시 옷감이 빨갛고 빨간 색깔을 가졌고 빨간 외양을 가졌고 빨간 광명을 가진 것처럼, 어떤 자는

---

99) 이하 네 가지 경우는 각각 『청정도론』 V.12 이하의 푸른색 까시나와 노란색 까시나와 붉은색 까시나와 흰색 까시나에 대한 설명을 참조할 것.

안으로는 물질을 인식하지 않고 밖으로 빨간 색깔을 가졌고 빨간 외양을 가졌고 빨간 광명을 가진 빨간 물질들을 본다. 이 것들을 지배하면서 '나는 알고 본다.'라고 이렇게 인식한다. 이 것이 일곱 번째 지배의 경지이다."

3.32. "⑧ 어떤 자는 안으로는 물질을 인식하지 않으면서, 밖으로 흰 색깔을 가졌고 흰 외양을 가졌고 흰 광명을 가진 흰 물질들을 본다. 마치 샛별이 희고 흰 색깔을 가졌고 흰 외양을 가졌고 흰 광명을 가진 것처럼, 마치 양면이 모두 부드러운 와라나시 옷감이 희고 흰 색깔을 가졌고 흰 외양을 가졌고 흰 광명을 가진 것처럼 어떤 자는 안으로는 물질을 인식하지 않고 밖으로 흰 색깔을 가졌고 흰 외양을 가졌고 흰 광명을 가진 흰 물질들을 본다. 이것들을 지배하면서 '나는 알고 본다.'라고 이렇게 인식한다. 이것이 여덟 번째 지배의 경지이다."[100]

여덟 가지 해탈

3.33. "아난다여, 여덟 가지 해탈[八解脫][101]이 있다. 무엇

---

100) 부처님께서는 이렇게 여덟 가지 지배의 경지를 터득하셨기 때문에 아무런 두려움이나 공포가 없이 수명의 상카라(āyu-saṅkhāra)를 놓으셨다는 것을 보여 주시기 위해서 이 여덟 가지 지배의 경지를 설하셨다고 주석서는 설명한다.(DA.ii.563)
101) 팔해탈의 설명은 『디가 니까야』 제2권 「대인연경」(D15)의 §35에서 설명한 주해들을 참조할 것. 특히 이 가운데 공무변처부터 비상비비

이 여덟인가?

① 여기 비구는 [안으로] 색계에 속하는 [禪에 들어] [밖으로] 물질들을 본다. 이것이 첫 번째 해탈이다.

② 안으로 물질에 대한 인식이 없이 밖으로 물질들을 본다. 이것이 두 번째 해탈이다.

③ 깨끗하다고[淨] 확신한다. 이것이 세 번째 해탈이다.

④ 물질에 대한 인식(산냐)을 완전히 초월하고, 부딪힘의 인식을 소멸하고, 갖가지 인식을 마음에 잡도리하지 않기 때문에 '무한한 허공'이라고 하면서 공무변처(空無邊處)를 구족하여 머문다. 이것이 네 번째 해탈이다.

⑤ 공무변처를 완전히 초월하여 '무한한 알음알이[識]'라고 하면서 식무변처(識無邊處)를 구족하여 머문다. 이것이 다섯 번째 해탈이다.

⑥ 식무변처를 완전히 초월하여 '아무것도 없다.'라고 하면서 무소유처(無所有處)를 구족하여 머문다. 이것이 여섯 번째 해탈이다.

⑦ 무소유처를 완전히 초월하여 비상비비상처(非想非非想處)를 구족하여 머문다. 이것이 일곱 번째 해탈이다.

⑧ 일체 비상비비상처를 완전히 초월하여 상수멸(想受滅, 인

상처까지는 『청정도론』 X장(무색의 경지) 전체를 참조하고 상수멸은 『청정도론』 XXIII.16~52의 멸진정의 증득을 참조할 것.

식과 느낌의 그침)을 구족하여 머문다. 이것이 여덟 번째 해탈이다."

3.34. "아난다여, 한때 나는 우루웰라에서 네란자라 강둑에 있는 염소치기의 니그로다 나무102) 아래에서 처음 정등각을 성취하여 머물렀다. 그러자 마라 빠삐만이 나에게 다가왔다. 와서는 한 곁에 섰다. 한 곁에 서서 마라 빠삐만은 나에게 이렇게 말했다. '세존이시여, 이제 세존께서는 반열반에 드십시

---

102) '염소치기의 니그로다 나무'로 옮긴 원어는 ajapāla-nigrodha이다. 수자따(Sujātā)가 고행을 그만두신 세존께 우유죽을 공양올린 곳이 바로 이 나무 아래였다.(Jā.i.16, 69) 부처님께서는 지금 보드가야의 보리수(bodhi-rukkha) 아래서 깨달음을 이루신 후에 수차례 이곳을 찾아가셨다고 한다. 사함빠띠 범천이 부처님께 법륜을 굴리기를 간청한 곳도 이곳이었으며(Vin.i.5~7), 본경에 나타나듯이 마라가 세존이 깨달으신 직후에 바로 열반에 드시기를 간청한 곳도 이곳이었다. 혹자는 세존께서는 이 니그로다 나무 아래서 깨달음을 성취하신 것으로 이해하기도 하지만 율장과 주석서에는 분명히 세존께서 보리수 아래서 깨달음을 성취하시고 삼매에서 출정하셔서 이 나무로 오신 것으로 밝히고 있다.(Vin.i.2, 3, 5 등)

한편 주석서는 왜 이 니그로다 나무를 염소치기의 니그로다 나무라 부르는가에 대해서 몇 가지로 설명을 한다. 첫째, 이 나무의 그늘에서 염소치기(ajapāla)들이 쉬었기 때문이며, 둘째 나이든 바라문들이 연로하여 더 이상 베다를 암송하지 못하게 되자(ajapā) 이곳에 거처를 마련하고 살았기 때문이며, 셋째 한밤에 염소(aja)들에게 의지처(pāla)가 되었기 때문이라고 한다.(UdA.51) 그리고 북방불교의 전승에 의하면 이 나무는 부처님께서 육년 고행을 하실 동안 의지처를 마련해드리기 위해서 염소치기가 심은 것이라고 한다.(Mtu.iii.302) 이런 정황을 참작하여 염소치기의 니그로다 나무로 옮겼다.

오. 선서께서는 반열반에 드십시오. 세존이시여, 지금이 세존께서 반열반에 드실 시간입니다.'라고."

3.35.
"아난다여, 이렇게 말했을 때 나는 마라 빠삐만에게 이렇게 대답했다.

'빠삐만이여, 나는 나의 비구 제자들이 입지가 굳고, 수행이 되고, 출중하며, 많이 배우고[多聞], 법을 잘 호지하고, [출세간] 법에 이르게 하는 법에 따라 도를 닦고, 합당하게 도를 닦고, 법을 따라 행하며, 자기 스승에게 속하는 것을 파악한 뒤 그것을 천명하고 가르치고 알게 하고 확립하고 드러내고 분석하고 명료하게 설명하며, 다른 [삿된] 교설이 나타날 때 그것을 법으로 잘 제압하고, 제압한 뒤 [해탈을 성취하는] 기적을 갖춘 법을 설할 수 있게 되기까지는 반열반에 들지 않을 것이다.

빠삐만이여, 나는 나의 비구니 제자들이 입지가 굳고, 수행이 되고, 출중하며, 많이 배우고, 법을 잘 호지하고, [출세간] 법에 이르게 하는 법에 따라 도를 닦고, 합당하게 도를 닦고, 법을 따라 행하며, 자기 스승에게 속하는 것을 파악한 뒤 그것을 천명하고 가르치고 알게 하고 확립하고 드러내고 분석하고 명료하게 설명하며, 다른 [삿된] 교설이 나타날 때 그것을 법으로 잘 제압하고, 제압한 뒤 [해탈을 성취하는] 기적을 갖춘 법을 설할 수 있게 되기까지는 반열반에 들지 않을 것이다.

빠삐만이여, 나는 나의 청신사 제자들이 입지가 굳고, 수행이 되고, 출중하며, 많이 배우고, 법을 잘 호지하고, [출세간] 법에 이르게 하는 법에 따라 도를 닦고, 합당하게 도를 닦고, 법을 따라 행하며, 자기 스승에게 속하는 것을 파악한 뒤 그것을 천명하고 가르치고 알게 하고 확립하고 드러내고 분석하고 명료하게 설명하며, 다른 [삿된] 교설이 나타날 때 그것을 법으로 잘 제압하고, 제압한 뒤 [해탈을 성취하는] 기적을 갖춘 법을 설할 수 있게 되기까지는 반열반에 들지 않을 것이다.

빠삐만이여, 나는 나의 청신녀 제자들이 입지가 굳고, 수행이 되고, 출중하며, 많이 배우고, 법을 잘 호지하고, [출세간] 법에 이르게 하는 법에 따라 도를 닦고, 합당하게 도를 닦고, 법을 따라 행하며, 자기 스승에게 속하는 것을 파악한 뒤 그것을 천명하고 가르치고 알게 하고 확립하고 드러내고 분석하고 명료하게 설명하며, 다른 [삿된] 교설이 나타날 때 그것을 법으로 잘 제압하고, 제압한 뒤 [해탈을 성취하는] 기적을 갖춘 법을 설할 수 있게 되기까지는 반열반에 들지 않을 것이다.

빠삐만이여, 나는 나의 이러한 청정범행이 잘 유지되고, 번창하고, 널리 퍼지고, 많은 사람들이 따르고, 대중적이어서 신과 인간들 사이에서 잘 설명되기까지는 반열반에 들지 않을 것이다.'라고"

3.36. "아난다여, 그런데 지금 오늘 이 짜빨라 탑묘에서 마라 빠삐만이 [다시] 나에게 다가왔다. 와서는 한 곁에 섰다. 한

곁에 서서 마라 빠삐만은 나에게 이렇게 말했다. '세존이시여, 이제 세존께서는 반열반에 드십시오. 선서께서는 반열반에 드십시오. 세존이시여, 지금이 세존께서 반열반에 드실 시간입니다. 세존이시여, 세존께서는 이렇게 말씀하셨습니다. … <중간생략> … 세존이시여, 그러나 지금 세존의 이러한 청정범행은 잘 유지되고, 번창하고, 널리 퍼지고, 많은 사람들이 따르고, 대중적이어서 신과 인간들 사이에서 잘 설명되었습니다. 세존이시여, 그러니 이제 세존께서는 반열반에 드십시오. 선서께서는 반열반에 드십시오. 세존이시여, 지금이 세존께서 반열반에 드실 시간입니다.'라고"

3.37. "이렇게 말하였을 때 나는 마라 빠삐만에게 이렇게 대답하였다. '빠삐만이여, 그대는 조용히 있어라. 오래지 않아 여래는 반열반에 들 것이다. 지금부터 3개월이 넘지 않아서 여래는 반열반에 들 것이다.'라고. 아난다여, 지금 오늘 이 짜빨라 탑묘에서 여래는 마음챙기고 알아차리면서 수명의 상카라를 포기하였다."

아난다의 간청

3.38. 이렇게 말씀하시자 아난다 존자는 [그때서야] 세존께 이렇게 말씀드렸다. "세존이시여, 세존께서는 많은 사람의 이익을 위하고 많은 사람의 행복을 위하고 세상을 연민하고 신

과 인간의 이상과 이익과 행복을 위하여 일 겁을 머물러 주소서. 부디 선서께서는 일 겁을 머물러 주소서."

"아난다여, 이제 되었다. 여래에게 간청을 하지 말아라. 아난다여, 지금은 여래에게 간청할 적당한 시간이 아니다."

3.39. 두 번째로 … 세 번째로 아난다 존자는 세존께 이렇게 말씀드렸다. "세존이시여, 세존께서는 많은 사람의 이익을 위하고 많은 사람의 행복을 위하고 세상을 연민하고 신과 인간의 이상과 이익과 행복을 위하여 일 겁을 머물러 주소서. 부디 선서께서는 일 겁을 머물러 주소서."

"아난다여, 그대는 여래의 깨달음을 믿는가?"

"그러하옵니다, 세존이시여."

"아난다여, 그렇다면 그대는 왜 세 번까지 [간청을 하여] 여래를 성가시게 하는가?"

3.40. "세존이시여, 저는 세존의 면전에서 '아난다여, 누구든지 네 가지 성취수단[四如意足]을 닦고, 많이 [공부]짓고, 수레로 삼고, 기초로 삼고, 확립하고, 굳건히 하고, 부지런히 닦은 사람은 원하기만 하면 일 겁 동안 머물 수도 있고 겁이 다하도록 머물 수도 있다. 아난다여, 여래는 네 가지 성취수단을 닦고, 많이 [공부]짓고, 수레로 삼고, 기초로 삼고, 확립하고, 굳건히 하고, 부지런히 닦았다. 여래는 원하기만 하면 일 겁

동안 머물 수도 있고 겁이 다하도록 머물 수도 있다.'라고 들었고 면전에서 받아 지녔습니다."

"아난다여, 그대는 여래의 깨달음을 믿는가?"

"그러하옵니다, 세존이시여."

"아난다여, 그러므로 이런 잘못은 그대에게 있다. 그대가 이런 잘못을 범하였다. 여래가 이와 같이 분명한 암시를 주고 분명한 빛을 드러내었는데도 그대는 그 뜻을 꿰뚫어 보지 못했다. 그래서 그대는 여래에게 '세존이시여, 세존께서는 많은 사람의 이익을 위하고 많은 사람의 행복을 위하고 세상을 연민하고 신과 인간의 이상과 이익과 행복을 위하여 일 겁을 머물러 주소서. 부디 선서께서는 일 겁을 머물러 주소서.'라고 간청하지 않았다. 아난다여, 만일 그대가 여래에게 간청을 했더라면 두 번은 그대의 말을 거절했을 것이지만 여래는 세 번째에는 허락하였을 것이다. 아난다여, 그러므로 이런 잘못은 그대에게 있다. 그대가 이런 잘못을 범하였다."

3.41. "아난다여, 한때 나는 라자가하에서 독수리봉 산(영취산)에 머물렀다. 아난다여, 거기서도 나는 그대를 불러서 말하였다. '아난다여, 라자가하는 아름답구나. 독수리봉 산은 아름답구나. 아난다여, 누구든지 네 가지 성취수단[四如意足]을 닦고, 많이 [공부]짓고, 수레로 삼고, 기초로 삼고, 확립하고, 굳건히 하고, 부지런히 닦은 사람은 원하기만 하면 일 겁을 머물

수도 있고 겁이 다하도록 머물 수도 있다. 아난다여, 여래는 네 가지 성취수단을 닦고, 많이 [공부]짓고, 수레로 삼고, 기초로 삼고, 확립하고, 굳건히 하고, 부지런히 닦았다. 여래는 원하기만 하면 일 겁을 머물 수도 있고 겁이 다하도록 머물 수도 있다.'라고

아난다여, 여래가 이와 같이 분명한 암시를 주고 분명한 빛을 드러내었는데도 그대는 그 뜻을 꿰뚫어 보지 못했다. 그래서 그대는 여래에게 '세존이시여, 세존께서는 많은 사람의 이익을 위하고 많은 사람의 행복을 위하고 세상을 연민하고 신과 인간의 이상과 이익과 행복을 위하여 일 겁을 머물러 주소서. 부디 선서께서는 일 겁을 머물러 주소서.'라고 간청하지 않았다. 아난다여, 만일 그대가 여래에게 간청을 했더라면 두 번은 그대의 말을 거절했을 것이지만 여래는 세 번째에는 허락하였을 것이다. 아난다여, 그러므로 이런 잘못은 그대에게 있다. 그대가 이런 잘못을 범하였다."

3.42. "아난다여, 한때 나는 라자가하에서 니그로다 숲에 ⋯ 라자가하에서 도둑의 낭떠러지에 ⋯ 라자가하에서 웨바라 산비탈의 칠엽굴에 ⋯ 라자가하에서 이시길리 산비탈의 검은 바위에 ⋯ 라자가하에서 차가운 숲에 있는 뱀 못의 비탈에 ⋯ 라자가하에서 따뽀다 원림에 ⋯ 라자가하에서 웰루와나의 다람쥐 보호구역에 ⋯ 라자가하에서 지와까의 망고 숲에 ⋯ 라

자가하에서 맛다꿋치의 녹야원에 머물렀다."

3.43. "아난다여, 거기서도 나는 그대를 불러서 말하였다. '아난다여, 라자가하는 아름답구나. 독수리봉 산은 아름답구나. 니그로다 숲은 아름답구나. 도둑의 낭떠러지는 아름답구나. 웨바라 산비탈의 칠엽굴은 아름답구나. 이시길리 산비탈의 검은 바위는 아름답구나. 차가운 숲에 있는 뱀 못의 비탈은 아름답구나. 따뽀다 원림은 아름답구나. 웰루와나의 다람쥐 보호구역은 아름답구나. 지와까의 망고 숲은 아름답구나. 맛다꿋치의 녹야원은 아름답구나.'"

3.44. "아난다여, 누구든지 네 가지 성취수단[四如意足]을 닦고, 많이 [공부]짓고, 수레로 삼고, 기초로 삼고, 확립하고, 굳건히 하고, 부지런히 닦은 사람은 원하기만 하면 일 겁을 머물 수도 있고 겁이 다하도록 머물 수도 있다. 아난다여, 여래는 네 가지 성취수단을 닦고, 많이 [공부]짓고, 수레로 삼고, 기초로 삼고, 확립하고, 굳건히 하고, 부지런히 닦았다. 여래는 원하기만 하면 일 겁을 머물 수도 있고 겁이 다하도록 머물 수도 있다.'라고

아난다여, 여래가 이와 같이 분명한 암시를 주고 분명한 빛을 드러내었는데도 그대는 그 뜻을 꿰뚫어 보지 못했다. 그래서 그대는 여래에게 '세존이시여, 세존께서는 많은 사람의 이

익을 위하고 많은 사람의 행복을 위하고 세상을 연민하고 신과 인간의 이상과 이익과 행복을 위하여 일 겁을 머물러 주소서. 부디 선서께서는 일 겁을 머물러 주소서.'라고 간청하지 않았다. 아난다여, 만일 그대가 여래에게 간청을 했더라면 두 번은 그대의 말을 거절했을 것이지만 여래는 세 번째에는 허락하였을 것이다. 아난다여, 그러므로 이런 잘못은 그대에게 있다. 그대가 이런 잘못을 범하였다."

3.45. "아난다여, 한때 나는 여기 웨살리에서 우데나 탑묘에 머물렀다. 아난다여, 거기서도 나는 그대를 불러서 말하였다. '아난다여, 웨살리는 아름답구나. 우데나 탑묘는 아름답구나. 아난다여, 누구든지 네 가지 성취수단[四如意足]을 닦고, 많이 [공부]짓고, 수레로 삼고, 기초로 삼고, 확립하고, 굳건히 하고, 부지런히 닦은 사람은 원하기만 하면 일 겁을 머물 수도 있고 겁이 다하도록 머물 수도 있다. 아난다여, 여래는 네 가지 성취수단을 닦고, 많이 [공부]짓고, 수레로 삼고, 기초로 삼고, 확립하고, 굳건히 하고, 부지런히 닦았다. 여래는 원하기만 하면 일 겁을 머물 수도 있고 겁이 다하도록 머물 수도 있다.'라고.

아난다여, 여래가 이와 같이 분명한 암시를 주고 분명한 빛을 드러내었는데도 그대는 그것을 꿰뚫어 볼 수가 없었다. 그래서 그대는 여래에게 '세존이시여, 세존께서는 많은 사람의 이익을 위하고 많은 사람의 행복을 위하고 세상을 연민하고 신과 인간의 이상과 이익과 행복을 위하여 일 겁을 머물러 주소서. 부디 선서께서는 일 겁을 머물러 주소서.'라고 간청하지 않았다. 아난다여, 만일 그대가 여래에게 간청을 했더라면 두 번은 그대의 말을 거절하였을 것이지만 여래는 세 번째에는 허락하였을 것이다. 아난다여, 그러므로 이런 잘못은 그대에게 있다. 그대가 이런 잘못을 범하였다."

3.46. "아난다여, 한때 나는 여기 웨살리에서 고따마까 탑묘에 … 웨살리에서 삿따마까 탑묘에 … 웨살리에서 바후뿟따 탑묘에 … 웨살리에서 사란다다 탑묘에 머물렀다."

3.47. "아난다여, 그리고 지금 오늘 짜빨라 탑묘에서 그대를 불러서 말하였다. '아난다여, 웨살리는 아름답구나. 우데나 탑묘도 아름답고, 고따마까 탑묘도 아름답고, 삿땀바 탑묘도 아름답고, 바후뿟따 탑묘(다자탑)도 아름답고, 사란다다 탑묘도 아름답고, 짜빨라 탑묘도 아름답구나.

아난다여, 누구든지 네 가지 성취수단[四如意足]을 닦고, 많이 [공부]짓고, 수레로 삼고, 기초로 삼고, 확립하고, 굳건히 하고, 부지런히 닦은 사람은 원하기만 하면 일 겁을 머물 수도 있고 겁이 다하도록 머물 수도 있다. 아난다여, 여래는 네 가지 성취수단을 닦고, 많이 [공부]짓고, 수레로 삼고, 기초로 삼고, 확립하고, 굳건히 하고, 부지런히 닦았다. 여래는 원하기만 하면 일 겁을 머물 수도 있고 겁이 다하도록 머물 수도 있다.' 라고

아난다여, 여래가 이와 같이 분명한 암시를 주고 분명한 빛을 드러내었는데도 그대는 그 뜻을 꿰뚫어 보지 못하였다. 그래서 그대는 여래에게 '세존이시여, 세존께서는 많은 사람의 이익을 위하고 많은 사람의 행복을 위하고 세상을 연민하고 신과 인간의 이상과 이익과 행복을 위하여 일 겁을 머물러 주소서. 부디 선서께서는 일 겁을 머물러 주소서.'라고 간청하지 않았다. 아난다여, 만일 그대가 여래에게 간청을 했더라면 두 번은 그대의 말을 거절했을 것이지만 여래는 세 번째에는 허락하였을 것이다. 아난다여, 그러므로 이런 잘못은 그대에게 있다. 그대가 이런 잘못을 범하였다."

3.48. "아난다여, [그리고] 참으로 내가 전에 사랑스럽고 마음에 드는 모든 것과는 헤어지기 마련이고 없어지기 마련이고 달라지기 마련이라고 그처럼 말하지 않았던가. 아난다여, 그러니 여기서 [그대가 간청하는 것이] 무슨 소용이 있겠는가?103) 아난다여, 태어났고 존재했고 형성된 것은 모두 부서

---

103) "사랑스럽고 마음에 드는 모든 것과는 헤어지기 마련이기 때문에 십바라밀을 완성하셨다 하더라도, 정등각을 얻으셨다 하더라도, 법륜을 굴리셨다 하더라도, 쌍신변을 나투셨다 하더라도, 천상에 올라가셨다

지기 마련인 법이거늘 그런 것을 두고 '절대로 부서지지 말라.'고 한다면 그것은 있을 수 없는 일이다. 아난다여, 그리고 여래는 이미 수명의 상카라를 포기하여 그것을 버렸고 내던졌고 풀어버렸고 제거했고 방기하였다. 그리하여 '오래지 않아서 여래는 반열반에 들 것이다. 지금부터 3개월이 넘지 않아서 여래는 반열반에 들 것이다.'라고 분명하게 말하였다. 그런데 그것을 여래가 [더] 살기 위해서 다시 돌이킨다는 것은 결코 있을 수 없는 일이다. 아난다여, 이제 큰 숲에 있는 중각강당104)으로 가자."

"그렇게 하겠습니다, 세존이시여."라고 아난다 존자는 세존께 대답했다.

3.49. 그러자 세존께서는 아난다 존자와 함께 큰 숲에 있는 중각강당으로 가셨다. 가서는 아난다 존자를 불러서 말씀하셨다.

"아난다여, 그대는 가서 웨살리를 의지하여 머무르는 비구들을 모두 집회소로 모이게 하라."

"그렇게 하겠습니다, 세존이시여."라고 아난다 존자는 세존

하더라도, 태어났고 존재했고 형성된 것은 부서지기 마련인 법(paloka-dhamma)이니 참으로 여래라 할지라도 그분의 몸을 두고 부서지지 말라고 하는 그런 경우는 존재하지 않는다. 슬피 운다고 해서 해결되지 않는다."(DA.ii.564)
104) 중각강당(重閣講堂)은 이층 누각이 있는 집이란 뜻이다. 여기에 대해서는 『디가 니까야』 제1권 「마할리 경」(D6) §1의 주해를 참조할 것.

께 대답한 뒤 웨살리를 의지하여 머무르는 비구들을 모두 집회소로 모이게 하고서 세존께 갔다. 가서는 세존께 절을 올리고 한 곁에 섰다. 한 곁에 서서 아난다 존자는 세존께 이렇게 말씀드렸다.

"세존이시여, 비구 승가가 다 모였습니다. 이제 세존께서 [가실] 시간이 되었습니다."

3.50. 그러자 세존께서는 자리에서 일어나 집회소로 가셨다. 가서는 마련된 자리에 앉으셨다. 자리에 앉아서 세존께서는 비구들을 불러서 말씀하셨다.

"비구들이여, 여기 [이 세상]에서 나는 이런 법들을 최상의 지혜로 안 뒤에 설하였나니 그대들은 그것을 호지한 뒤 받들어 행해야 하고 닦아야 하고 많이 [공부]지어야 한다. 그래서 이 청정범행이 길이 전해지고 오래 머물게 해야 한다. 이것이 많은 사람의 이익을 위하고 많은 사람의 행복을 위하고 세상을 연민하고 신과 인간의 이상과 이익과 행복을 위하는 것이다.

비구들이여, 그러면 나는 어떤 법들을 최상의 지혜로 안 뒤에 설하였는가? 그것은 네 가지 마음챙김의 확립[四念處], 네 가지 바른 노력[四正勤], 네 가지 성취수단[四如意足], 다섯 가지 기능[五根], 다섯 가지 힘[五力], 일곱 가지 깨달음의 구성요소[七覺支], 여덟 가지 구성요소를 가진 성스러운 도[八支聖道]이다.105) 비구들이여, 나는 이런 법들을 최상의 지혜로 안 뒤에 설하였나니 그대들은 이를 호지한 뒤 받들어 행해야 하고 닦아야 하고 많이 [공부]지어야 한다. 그래서 이 청정범행이 길이 전해지고 오래 머물게 해야 한다. 이것이 많은 사람의 이익을 위하고 많은 사람의 행복을 위하고 세상을 연민하고 신과 인간의 이상과 이익과 행복을 위하는 것이다."

3.51. 그리고 다시 세존께서는 비구들을 불러서 말씀하셨다. "비구들이여, 참으로 이제 나는 당부하노니 모든 형성된 것들은 소멸하기 마련인 법이다. 방일하지 말고 [해야 할 바를 모두] 성취하라.106) 오래지 않아서 여래의 반열반이 있을 것이다. 지금부터 3개월이 넘지 않아서 여래는 반열반할 것이다."

세존께서는 이렇게 말씀하셨다. 선서께서는 이렇게 말씀하신 뒤 다시 [게송으로] 이와 같이 설하셨다.

---

105) 이들은 37보리분법(菩提分法, bodhipakkhiya-dhamma)이라고 불리는데 이들은 깨달음의 편(bodhi-pakkha)에 있는 유익한 심리현상들이기 때문에 이렇게 불렸다. 여기에 대해서는 『디가 니까야』 제3권 「확신경」(D28) §3의 주해와 「전륜성왕 사자후경」(D26) §1의 주해를 참조할 것.

106) 이 말씀은 부처님께서 반열반에 드시기 직전에도 유훈으로 하신 말씀인데 석 달 후의 반열반을 예고하는 지금 상황에서도 이 말씀을 하신 것으로 나타나고 있다. 주석서는 이렇게 설명하고 있다. "마음챙김이 현전하도록 하여 해야 할 바를 모두 성취하라.(sati-avippavāsena sabbakiccāni sampādeyyātha)" 즉 불방일(不放逸, appamāda)을 마음챙김의 현전으로 설명하는데 다른 주석서들에서도 한결같다.
더 자세한 설명은 본경 §6.7의 주해를 참조할 것.

"내 나이 무르익어
나의 수명은 이제 한계에 달했도다.
그대들을 버리고 나는 가리니
나는 내 자신을 의지처로 삼았다.

비구들이여, 방일하지 말고
마음챙김을 가지고 계를 잘 지켜라.
사유(思惟)를 잘 안주시키고
자신의 마음을 잘 보호하라.

이 법과 율에서
방일하지 않고 머무는 자는
태어남의 윤회를 버리고
괴로움의 끝을 만들 것이다."107)

세 번째 바나와라가 끝났다.

코끼리가 뒤돌아보듯

4.1. 그때 세존께서는 오전에 옷매무새를 가다듬고 발우와 가사를 수하시고 걸식을 위해서 웨살리로 들어가셨다. 웨

---

107) 주석서에는 이 게송에 대한 설명이 없다.

살리에서 걸식하여 공양을 마치고 걸식에서 돌아오시면서, 코끼리가 뒤를 돌아다보듯이 웨살리를 돌아다보신 후 아난다 존자를 불러서 말씀하셨다. "아난다여, 이것이 여래가 웨살리를 보는 마지막이 될 것이다. 오라, 아난다여. 이제 반다가마로 가자."

"그렇게 하겠습니다, 세존이시여."라고 아난다 존자는 세존께 대답했다. 그러자 세존께서는 많은 비구 승가와 함께 반다가마로 가셨다. 세존께서는 거기 반다가마에서 머무셨다.

4.2. 거기서 세존께서는 비구들을 불러서 말씀하셨다.108) "비구들이여, 네 가지를 깨닫지 못하고 꿰뚫지 못하였기 때문에 나와 그대들은 이처럼 긴 세월을 [이곳에서 저곳으로] 치달리고 윤회하였다.

무엇이 네 가지인가? 비구들이여, 성스러운 계를 깨닫지 못하고 꿰뚫지 못하였기 때문에 나와 그대들은 이처럼 긴 세월을 [이곳에서 저곳으로] 치달리고 윤회하였다. 비구들이여, 성스러운 삼매를 깨닫지 못하고 꿰뚫지 못하였기 때문에, 나와 그대들은 이처럼 긴 세월을 [이곳에서 저곳으로] 치달리고 윤회하였다. 비구들이여, 성스러운 통찰지를 깨닫지 못하고 꿰뚫지 못하였기 때문에, 나와 그대들은 이처럼 긴 세월을 [이곳

---

108) 이하 §4.3까지는 『앙굿따라 니까야』 제2권 「깨달음 경」(A4:1)과 같다.

에서 저곳으로] 치달리고 윤회하였다. 비구들이여, 성스러운 해탈을 깨닫지 못하고 꿰뚫지 못하였기 때문에, 나와 그대들은 이처럼 긴 세월을 [이곳에서 저곳으로] 치달리고 윤회하였다.

비구들이여, 이제 성스러운 계를 깨닫고 꿰뚫었다. 성스러운 삼매를 깨닫고 꿰뚫었다. 성스러운 통찰지를 깨닫고 꿰뚫었다. 성스러운 해탈을 깨닫고 꿰뚫었다. 그러므로 존재에 대한 갈애는 잘라졌고, 존재로 인도함은 부수어졌으며, 다시 태어남은 이제 더 이상 존재하지 않는다."

4.3. 세존께서는 이렇게 말씀하셨다. 선서께서는 이렇게 말씀하신 뒤 다시 [게송으로] 이와 같이 설하셨다.

> "계와 삼매와 통찰지와 위없는 해탈 ─
> 이 법들을 명성을 가진 고따마는 깨달았도다.
> 이처럼 부처는 최상의 지혜로 안 뒤에
> 비구들에게 법을 설하였노라.
> 이제 괴로움의 끝을 낸
> 눈을 갖춘 스승은 반열반할 것이다."

4.4. 참으로 이렇게 세존께서는 반다가마에 머무시면서 많은 비구들에게 법에 관한 말씀을 하셨다. "이러한 것이 계다. 이러한 것이 삼매다. 이러한 것이 통찰지다. 계를 철저히

닦아서 생긴 삼매는 큰 결실이 있고 큰 이익이 있다. 삼매를 철저히 닦아서 생긴 통찰지는 큰 결실이 있고 큰 이익이 있다. 통찰지를 철저히 닦아서 생긴 마음은 바르게 번뇌들로부터 해탈하나니, 그것은 바로 이 감각적 욕망에 기인한 번뇌와 존재에 기인한 번뇌와 무명에 기인한 번뇌이다."라고

4.5. 그때 세존께서는 반다가마에서 원하는 만큼 머무신 뒤 아난다 존자를 불러서 말씀하셨다. "아난다여, 이제 핫티가마로 … 암바가마로 … 잠부가마로 … 보가나가라로 가자."

4.6. "그렇게 하겠습니다, 세존이시여."라고 아난다 존자는 세존께 응답했다. 그리하여 세존께서는 많은 비구 승가와 함께 보가나가라에 도착하셨다.

네 가지 큰 권위

4.7. 세존께서는 거기 보가나가라에서 아난다 탑묘에 머무셨다. 거기서 세존께서는 비구들을 불러서 말씀하셨다.109) "비구들이여, 네 가지 큰 권위[大法敎]110)를 설하리라. 그것을

---

109) 이하 §4.11까지는 『앙굿따라 니까야』 제2권 「큰 권위 경」(A4:180)과 같다.
110) 세존께서는 당신이 입멸하고 나면 "법과 율이 그대들의 스승이 될 것이다."라고 천명하셨다. 그러면 이러한 법과 율을 어떻게 확정해야 할 것인가가 최대의 문제로 떠오른다. 그 방법으로 제시하고 계시는 것

듣고 마음에 잘 새겨라. 이제 설하리라."

"그렇게 하겠습니다, 세존이시여."라고 비구들은 세존께 응답했다. 세존께서는 이와 같이 말씀하셨다.

48. "비구들이여, 여기 비구가 말하기를 '도반들이여, 나는 이것을 세존의 면전에서 듣고 세존의 면전에서 받아 지녔습니다. 이것은 법이고 이것은 율이고 이것은 스승의 교법입니다.'라고 하면, [일단] 그런 비구의 말을 인정하지도 말고 공박하지도 말아야 한다. 인정하지도 공박하지도 않은 채로 그

이 바로 '큰 권위'로 옮긴 이 mahā-apadesa이다. 불법이 지금까지 끊이지 않고 내려오는 것은 이러한 부처님의 유훈을 제자들이 생명으로 여기고 부처님의 법과 율을 확정지었기 때문이다.

이제 주석서와 복주서의 설명을 살펴보자. 먼저 주석서에서는 "부처님 등의 위대하고 위대한 분들을 권위(증인)로 하여(apadisitvā) 설해진 큰 행위(kāraṇa)들이라는 뜻이다."(DA.ii.565)라고 설명하고 있다.

한편 복주서에서는 다음과 같이 설명한다. "법을 확립하게 하는(patiṭṭhāpana) 위대한 경우들이다. 확립된 법은 의심 없이(asandeha) 결정되었다. 그것은 어떤 것들인가? 경(經)들로 전해내려 오는(suttotraṇa) 등으로 특별히 전승된 것들이다. 두 번째 해석은 다음과 같다. 권위를 가진다고 해서 권위이다. '도반들이여, 나는 이것을 세존의 면전에서 듣고 세존의 면전에서 받아 지녔습니다.'라는 등에 의해서 전해진 어떤 것을 '법'이라고 확정하는 행위(kāraṇa)이다. … 이것은 『넷띠빠까라나』에서 부처님에 의한 권위, 승가에 의한 권위, 많은 장로(thera)들에 의한 권위, 한 장로에 의한 권위의 넷으로 설명되었다. '부처님이 이것의 권위이다.(buddho apadeso etassa)'라고 해서 부처님에 의한 권위이다."(DAṬ. ii.211~12)

단어와 문장들을 주의 깊게 들어서 경과 대조해 보고 율에 비추어 보아야 한다.

그의 말을 경과 대조해 보고 율에 비추어 보아서, 만일 경과 견주어지지 않고 율과 맞지 않는다면 여기서 '이것은 세존의 말씀이 아닙니다. 이 비구가 잘못 호지한 것입니다.'라는 결론에 도달해야 한다. 비구들이여, 이렇게 해서 이것은 물리쳐야 한다. 그의 말을 경과 견주어 보고 율에 비추어 보아서 만일 경과 견주어지고 율과 맞는다면 여기서 '이것은 세존의 말씀입니다. 이 비구가 잘 호지한 것입니다.'라는 결론에 도달해야 한다. 비구들이여, 이것이 첫 번째 큰 권위이다."

4.9. "비구들이여, 여기 비구가 말하기를 '도반들이여, 아무개 거처에 장로들과 유명한 스승이 계시는 승가가 있습니다. 그런 나는 이것을 그 승가의 면전에서 듣고 승가의 면전에서 받아 지녔습니다. 이것은 법이고 이것은 율이고 이것은 스승의 교법입니다.'라고 하면, [일단] 그런 비구의 말을 인정하지도 말고 공박하지도 말아야 한다. 인정하지도 공박하지도 않은 채로 그 단어와 문장들을 주의 깊게 들어서 경과 대조해 보고 율에 비추어 보아야 한다.

그의 말을 경과 대조해 보고 율에 비추어 보아서, 만일 경과 견주어지지 않고 율과 맞지 않는다면 여기서 '이것은 세존의 말씀이 아닙니다. 이 비구가 잘못 호지한 것입니다.'라는 결론에 도달해야 한다. 비구들이여, 이렇게 해서 이것은 물리쳐야 한다. 그의 말을 경과 대조해 보고 율에 비추어 보아서 만일 경과 견주어지고 율과 맞는다면 여기서 '이것은 세존의 말씀입니다. 이 비구가 잘 호지한 것입니다.'라는 결론에 도달해야 한다. 비구들이여, 이것이 두 번째 큰 권위이다."

4.10. "비구들이여, 여기 비구가 말하기를 '도반들이여, 아무개 거처에 많이 배우고, 전승된 가르침에 능통하고, 법을 호지하고, 율을 호지하고, 마띠까(論母)를 호지하는111) 많은 장로 비구들이 계십니다. 그런 나는 이것을 그 장로들의 면전에서 듣고 장로들의 면전에서 받아 지녔습니다. 이것은 법이고

---

111) 마띠까(mātikā)는 논모(論母)나 개요로 옮겨지듯이 경이나 율의 주요 주제를 표제어만 뽑아서 외우기 쉽고 전체를 파악하기 쉽게 축약한 것이다. 마띠까는 법에 대한 마띠까와 율에 대한 마띠까가 있다. 법에 대한 마띠까는 논장의 첫머리에 나타나는데 논장은 이 마띠까를 상세하게 설명하는 형식으로 구성되어 있다. 그리고 율장의 마띠까는 비구계본과 비구니계본이다. 이를 "두 가지 마띠까(dve mātikā)"(VinA.i.247 등)라고 부르기도 한다. 전체 율장은 그래서 율의 마띠까인 이 두 계본에 대한 설명을 주축으로 하고 있다.
  이처럼 주석서에서는 일반적으로 "마띠까를 호지하는 자(Mātikadhāra)는 비구계본과 비구니계본의 두 가지 마띠까를 호지하는 자(mātikādharā ti dvepātimokkhadharā"(AA.iii.382)라고 설명하고 있다. 그러나 같은 주석서에 대한 복주서에서는 "법과 율의 마띠까를 호지하는 자(dhamma-vinayānaṁ mātikāya dhāraṇena mātikādharā)"(AAṬ.iii.109)라고 설명하고 있다. 본경의 문맥에서는 이러한 복주서의 설명이 더 타당하다. 마띠까에 대해서는 『아비담마 길라잡이』 서문 §4를 참조할 것.

이것은 율이고 이것은 스승의 교법입니다.'라고 하면, [일단] 그런 비구의 말을 인정하지도 말고 공박하지도 말아야 한다. 인정하지도 공박하지도 않은 채로 그 단어와 문장들을 주의 깊게 들어서 경과 대조해 보고 율에 비추어 보아야 한다.

그의 말을 경과 대조해 보고 율에 비추어 보아서, 만일 경과 견주어지지 않고 율과 맞지 않는다면 여기서 '이것은 세존의 말씀이 아닙니다. 이 비구가 잘못 호지한 것입니다.'라는 결론에 도달해야 한다. 비구들이여, 이렇게 해서 이것은 물리쳐야 한다. 만일 그의 말을 경과 대조해 보고 율에 비추어 보아서 만일 경과 견주어지고 율과 맞는다면 여기서 '이것은 세존의 말씀입니다. 이 비구가 잘 호지한 것입니다.'라는 결론에 도달해야 한다. 비구들이여, 이것이 세 번째 큰 권위이다."

4.11. "비구들이여, 여기 비구가 말하기를 '도반들이여, 아무개 거처에 많이 배우고, 전승된 가르침에 능통하고, 법을 호지하고, 율을 호지하고, 마띠까(論母)를 호지하는 한 분의 장로 비구가 계십니다. 그런 나는 이것을 그 장로의 면전에서 듣고 장로들의 면전에서 받아 지녔습니다. 이것은 법이고 이것은 율이고 이것은 스승의 교법입니다.'라고 하면, [일단] 그런 비구의 말을 인정하지도 말고 공박하지도 말아야 한다. 인정하지도 공박하지도 않은 채로 그 단어와 문장들을 주의 깊게 들어서 경과 대조해 보고 율에 비추어 보아야 한다.

그의 말을 경과 대조해 보고 율에 비추어 보아서, 만일 경과 견주어지지 않고 율과 맞지 않는다면 여기서 '이것은 세존의 말씀이 아닙니다. 이 비구가 잘못 호지한 것입니다.'라는 결론에 도달해야 한다. 비구들이여, 이렇게 해서 이것은 물리쳐야 한다. 그의 말을 경과 대조해 보고 율에 비추어 보아서 만일 경과 견주어지고 율과 맞는다면 여기서 '이것은 세존의 말씀입니다. 이 비구가 잘 호지한 것입니다.'라는 결론에 도달해야 한다. 비구들이여, 이것이 네 번째 큰 권위이다."

4.12. 참으로 이렇게 세존께서는 보가나가라에 머무시면서 많은 비구들에게 법에 관한 말씀을 하셨다. "이러한 것이 계다. 이러한 것이 삼매다. 이러한 것이 통찰지다. 계를 철저히 닦아서 생긴 삼매는 큰 결실이 있고 큰 이익이 있다. 삼매를 철저히 닦아서 생긴 통찰지는 큰 결실이 있고 큰 이익이 있다. 통찰지를 철저히 닦아서 생긴 마음은 바르게 번뇌들로부터 해탈하나니, 바로 이 감각적 욕망에 기인한 번뇌와 존재에 기인한 번뇌와 무명에 기인한 번뇌이다."라고.

대장장이의 아들 쭌다의 공양

4.13. 그때 세존께서는 보가나가라에서 원하는 만큼 머무신 뒤 아난다 존자를 불러서 말씀하셨다. "아난다여, 이제 빠와112)로 가자."

"그렇게 하겠습니다, 세존이시여."라고 아난다 존자는 세존께 응답했다. 그리하여 세존께서는 많은 비구 승가와 함께 빠와에 도착하셨다. 세존께서는 거기 빠와에서 대장장이의 아들 쭌다113)의 망고 숲에 머무셨다.

4.14 대장장이의 아들 쭌다는 세존께서 빠와에 오셨다고 들었다. 그러자 대장장이의 아들 쭌다는 세존께 갔다. 가서는 세존께 절을 올린 뒤 한 곁에 앉았다. 세존께서는 한 곁에 앉은 대장장이의 아들 쭌다에게 법을 설하시고 격려하시고 분발하게 하시고 기쁘게 하셨다.

4.15 그러자 대장장이의 아들 쭌다는 세존께서 설하신 법을 [듣고] 격려 받고 분발하고 기뻐하여 세존께 이렇게 말씀드렸다. "세존이시여, 세존께서는 비구 승가와 함께 내일 저의

---

112) 빠와(Pāva)는 말라(Malla) 족들의 도시이다. 『디가 니까야』 제3권 「정신경」(D29) §1에 의하면 니간타 나따뿟따가 이곳에서 임종을 하였다.
113) 대장장이의 아들 쭌다(kammāraputta Cunda)는 세존께 마지막 공양을 올린 바로 그 사람이다. 세존께서는 그가 올린 음식을 드시고 심한 적리(赤痢, 피와 곱이 섞여 나오는 이질)에 걸리셨고 꾸시나라에서 반열반에 드셨다.
주석서에 의하면 그는 금을 다루는 대장장이의 아들(suvaṇṇa-kāraputta)이었으며 전에 세존을 처음 뵙고 이미 수다원과(예류과)를 얻었다고 한다. 그래서 자신의 망고 숲에 승원(vihāra)을 지었다고 하는데 지금 세존이 머무시는 바로 이 곳이다.(DA.ii.568)

공양을 허락하여 주십시오."

세존께서는 침묵으로 허락하셨다.

4.16. 대장장이의 아들 쭌다는 세존께서 허락하신 것을 알고서 자리에서 일어나 세존께 절을 올리고 오른쪽으로 [세 번] 돌아 [경의를 표한] 뒤에 물러갔다.

4.17. 그리고 대장장이의 아들 쭌다는 그 밤이 지나자 자신의 집에서 맛있는 여러 음식과 부드러운 돼지고기로 만든 음식114)을 많이 준비하게 하여 세존께 시간을 알려드렸다. "세존이시여, [가실] 시간이 되었습니다. 음식이 준비되었습니다."라고.

---

114) '부드러운 돼지고기로 만든 음식'으로 옮긴 원어는 sūkaramaddava 인데 주석서에서는 다음과 같이 세 가지 경우로 설명하고 있다.
"수까라맛다와는 지나치게 어리지 않고 지나치게 늙지 않은 어떤 큰 돼지(jeṭṭhaka-sūkara)의 고기(maṁsa)이다. 이것은 부드럽고 기름지다고 한다. 이것을 장만하여 잘 요리하게 한 것이라는 뜻이다. 어떤 자들은 이렇게 말한다. '수까라맛다와는 부드러운 음식(mudu-odana)인데 소에서 생긴 다섯 가지 산출물(pañca-gorasa-yūsa)을 요리하는 과정의 이름이다. 마치 가와빠나(gava-pāna, 쇠고기국)라는 요리의 이름과 같다.'라고. 다른 사람들은 말한다. '수까라맛다와는 연금술(rasāyana-vidhi)이다. 연금술사들이 왔을 때 쭌다가 '세존께서 반열반에 드시지 않게 하리라.'하고 바로 이 연금술로 제조된 것(rasāyana)을 드린 것이다.'라고."(*Ibid*)
한편 복주서에는 "야생 멧돼지의 부드러운 고기(vanavarāhassa mudu-maṁsa)"(DAṬ.ii.218)라고 적고 있다.

4.18. 그때 세존께서는 오전에 옷매무새를 가다듬고 발우와 가사를 수하시고 비구 승가와 함께 대장장이의 아들 쭌다의 집으로 가셨다. 가셔서는 비구 승가와 함께 지정된 자리에 앉으셨다. 앉으셔서는 대장장이의 아들 쭌다를 불러서 말씀하셨다. "쭌다여, 부드러운 돼지고기로 만든 음식은 나에게 공양하고, 다른 여러 음식은 비구 승가에게 공양하여라."

"그렇게 하겠습니다, 세존이시여."라고 대장장이의 아들 쭌다는 세존께 대답하고서 부드러운 돼지고기가 든 음식은 세존께 공양하고, 다른 여러 음식은 비구 승가에게 공양하였다.

4.19. 그러자 세존께서는 대장장이의 아들 쭌다를 불러서 말씀하셨다. "쭌다여, 부드러운 돼지고기로 만든 음식이 남은 것은 깊은 구덩이를 파서 묻어라. 쭌다여, 나는 신들을 포함하고 마라를 포함하고 범천을 포함한 세상에서, 사문·바라문을 포함하고 신과 인간을 포함한 생명체들 가운데서, 여래를 제외한 어느 누구도 이 음식을 먹고 바르게 소화시킬 사람을 보지 못한다."

"그렇게 하겠습니다, 세존이시여."라고 대장장이의 아들 쭌다는 세존께 대답한 뒤 부드러운 돼지고기로 만든 음식이 남은 것은 깊은 구덩이를 파서 묻고 세존께로 갔다. 가서는 세존께 절을 올리고 한 곁에 앉았다. 세존께서는 한 곁에 앉은 대

장장이의 아들 쭌다에게 법을 설하시고 격려하시고 분발하게 하시고 기쁘게 하셨다.115)

4.20. 그때 세존께서는 대장장이의 아들 쭌다가 올린 음식을 드시고 혹독한 병에 걸리셨나니 피가 나오는 적리(赤痢)116)에 걸려서 죽음에 다다르는 극심한 고통이 생기셨다. 거기서 세존께서는 마음챙기고 알아차리시면서 흔들림 없이 그것을 감내하셨다. 그때 세존께서는 아난다 존자를 불러서 말씀하셨다.

"아난다여, 이제 꾸시나라로 가자."

"그렇게 하겠습니다, 세존이시여."라고 아난다 존자는 세존께 응답했다.

> 나는 이렇게 들었나니
> 대장장이 쭌다가 올린 음식을 드시고

---

115) 아래 §4.42에서도 나타나듯이 쭌다의 공양은 비난받지 않는 것이다. 그는 선한 의도로 나름대로 최상의 음식을 준비해서 세존께 공양을 올렸다. 승가도 이를 인정하였기 때문에 후대의 어떤 문헌에서도 쭌다를 비난하는 글은 발견되지 않는다. 만일 쭌다의 공양에 어떤 조그만 하자라도 발견되었더라면 분명히 경이나 주석서와 복주서에서 어떤 식으로든 이를 언급하였을 것이다. 그러나 본경 §4.42에서 그는 오히려 부처님께 마지막 공양을 올린 행운을 가진 사람으로 언급되고 있다.

116) 적리(赤痢)로 옮긴 lohita-pakkhandikā는 문자적으로 '피가 나오는'이란 뜻인데 이것은 발열과 복통이 따르고 피와 곱이 섞인 대변을 누는 이질(*diarrhoea*) 혹은 설사병을 말한다.

현자께서는 죽음에 다다르는 극심한 병에 걸리셨다.
부드러운 돼지고기로 만든 음식을 드신
스승께 극심한 병이 생겼나니
그것을 깨끗하게 하시면서 세존께서는
꾸시나라 도시로 가자고 말씀하셨다.117)

물을 떠옴

4.21. 그때 세존께서는 길을 가시다가 어떤 나무 아래로 가셨다. 가셔서는 아난다 존자를 불러서 말씀하셨다. "아난다여, 가사를 네 겹으로 접어서 [자리를] 만들어라. 아난다여, 피곤하구나. 나는 좀 앉아야겠다."

"그렇게 하겠습니다, 세존이시여."라고 아난다 존자는 세존께 대답한 뒤 가사를 네 겹으로 접어서 [자리를] 만들었다.

4.22. 세존께서는 만들어 드린 자리에 앉으셨다. 앉으신 뒤 세존께서는 아난다 존자를 불러서 말씀하셨다. "아난다여, 그대는 나를 위해서 물을 좀 다오. 아난다여, 목이 마르구나. 나는 물을 마셔야겠다."

이렇게 말씀하시자 아난다 존자는 세존께 이렇게 말씀드렸

---

117) 태국본에는 이 게송의 말미에 '이 게송은 합송 때 합송자들이 읊은 것이다.(imā gāthāyo saṅgītikāle saṅgītikārakehi vuttā)'라고 나타난다.

다. "세존이시여, 지금 500대의 수레가 지나갔습니다. 수레바퀴로 휘저은 물은 좋지 않고 뒤범벅이 되어 혼탁해졌습니다. 세존이시여, 까꿋타 강이 멀지 않은 곳에 있습니다. 그 물은 맑고 만족을 주고 차갑고 투명하며, 튼튼한 제방으로 보호되어 있습니다. 거기서 세존께서는 물을 드시고 몸을 시원하게 하실 수 있습니다."

4.23. 두 번째로 세존께서는 아난다 존자를 불러서 말씀하셨다. "아난다여, 그대는 나를 위해서 물을 좀 다오. 아난다여, 목이 마르구나. 나는 물을 마셔야겠다."

이렇게 말씀하시자 아난다 존자는 세존께 이렇게 말씀드렸다. "세존이시여, 지금 500대의 수레가 지나갔습니다. 수레바퀴로 휘저은 물은 좋지 않고 뒤범벅이 되어 혼탁해졌습니다. 세존이시여, 까꿋타 강이 멀지 않은 곳에 있습니다. 그 물은 맑고 만족을 주고 차갑고 투명하며, 튼튼한 제방으로 보호되어 있습니다. 거기서 세존께서는 물을 드시고 몸을 시원하게 하실 수 있습니다."

4.24. 세 번째로 세존께서는 아난다 존자를 불러서 말씀하셨다. "아난다여, 그대는 나를 위해서 물을 좀 다오. 아난다여, 목이 마르구나. 나는 물을 마셔야겠다."

"그렇게 하겠습니다, 세존이시여."라고 아난다 존자는 세존께 대답한 뒤 발우를 가지고 그 작은 강으로 갔다. 아난다 존자가 다가가자 수레바퀴로 휘저어져서 좋지 않고 뒤범벅이 되어 혼탁해진 그 물은 맑고 만족을 주고 차갑게 되었다.

4.25. 그러자 아난다 존자에게 이런 생각이 들었다. "여래의 큰 신통과 큰 위력은 참으로 경이롭고, 참으로 놀랍구나. 수레바퀴로 휘저어져서 좋지 않고 뒤범벅이 되어 혼탁해진 물이 내가 다가가자 좋고 맑고 혼탁하지 않게 되었구나." 아난다 존자는 발우로 물을 떠서 세존께 다가갔다. 가서는 세존께 이렇게 말씀드렸다. "세존이시여, 여래의 큰 신통과 큰 위력은 참으로 경이롭습니다. 세존이시여, 참으로 놀랍습니다. 세존이시여, 수레바퀴로 휘저어져서 좋지 않고 뒤범벅이 되어 혼탁해진 물이 제가 다가가자 좋고 맑고 혼탁하지 않게 되었습니다. 세존께서는 물을 드십시오. 선서께서는 물을 드십시오." 그러자 세존께서는 물을 드셨다.

뿍꾸사 말라뿟따의 일화

4.26. 그 무렵에 뿍꾸사 말라뿟따는 알라라 깔라마의 제자였는데 꾸시나라로부터 말라118)로 가는 대로를 따라가고 있었다. 뿍꾸사 말라뿟따는 세존께서 어떤 나무 아래에 앉아계

---

118) 말라(Malla)에 대해서는 『디가 니까야』 제3권 「빠띠까 경」(D24) §1의 주해를 참조할 것.

신 것을 보고 세존께로 다가갔다. 가서는 세존께 절을 올리고 한 곁에 앉았다. 한 곁에 앉은 뿍꾸사 말라뿟따는 세존께 이렇게 말씀드렸다. "경이롭습니다, 세존이시여. 놀랍습니다, 세존이시여. 세존이시여, 출가자들은 참으로 고요하게 머무십니다."

4.27. "세존이시여, 전에 알라라 깔라마는 대로를 따라가다가 길에서 나와 멀지 않은 곳에 있는 어떤 나무 아래 낮 동안의 머묾을 위해서 앉았습니다. 세존이시여, 그때 500대의 수레가 알라라 깔라마의 곁으로 계속해서 지나갔습니다. 세존이시여, 그때 어떤 사람이 그 대상의 뒤를 따라 오다가 알라라 깔라마에게 다가갔습니다. 가서는 알라라 깔라마에게 이렇게 말했습니다.

'존자여, 500대의 수레가 지나가는 것을 보셨습니까?'
'도반이여, 나는 보지 못했다오.'
'존자여, 그러면 소리를 들었습니까?'
'도반이여, 나는 소리를 듣지 못했다오.'
'존자시여, 그러면 잠들었습니까?'
'도반이여, 나는 잠들지 않았다오.'
'존자이여, 그러면 인식은 가지고 있었습니까?'
'도반이여, 그랬다오.'
'존자여, 그런 당신은 인식을 가지고 있고 깨어 있으면서도 500대의 수레가 곁으로 계속해서 지나가는데도 보지도 못하

고 소리를 듣지도 못했다는 말씀이십니까? 존자여, 당신의 겉옷은 먼지로 범벅이 되어 있는데도 말입니까?'

'도반이여, 그렇다오.'

그러자 그 사람에게 이런 생각이 들었습니다. '출가자들은 참으로 고요하게 머무르니 참으로 경이롭고 참으로 놀랍구나. 여기서 인식을 가지고 있고 깨어 있으면서도 500대의 수레가 곁으로 계속해서 지나가는 것을 보지도 못하고 소리를 듣지도 못하는구나.'라고. 이와 같이 그는 알라라 깔라마에게 청정한 믿음을 크게 표시한 뒤 떠났습니다."

4.28. "뿍꾸사여, 이를 어떻게 생각하는가? 인식을 가지고 있고 깨어 있으면서도 500대의 수레가 곁으로 계속해서 지나가는 것을 보지도 못하고 듣지도 못하는 것이 더 행하기 어렵고 더 경험하기 어려운가? 아니면 인식을 가지고 있고 깨어 있으면서도 비가 억수같이 내리고 비가 콸콸 쏟아지고 번개가 치고 천둥소리가 요란한 것을 보지도 못하고 듣지도 못하는 것이 더 행하기 어렵고 더 경험하기 어려운가?"

4.29. "세존이시여, 500대의 수레가 아니라 600대, 700대, 800대, 900대, 천 대, 아니 십만 대의 수레라도 어떻게 비교를 할 수 있겠습니까? 참으로 인식을 가지고 있고 깨어 있으면서도 비가 억수같이 내리고 비가 콸콸 쏟아지고 번개가 치고 천

둥소리가 요란한 것을 보지도 못하고 듣지도 못하는 것이 더 행하기 어렵고 더 경험하기 어렵습니다."

4.30. "뿍꾸사여, 한때 나는 아뚜마에서 탈곡장에 머물렀다. 그러던 어느 때에 비가 억수같이 내리고 비가 콸콸 쏟아지고 번개가 치고 천둥소리가 요란하였으며 탈곡장에서 농부 두 사람과 황소 네 마리가 벼락에 맞아 죽었다. 뿍꾸사여, 그러자 아뚜마의 많은 사람들이 나와서 농부 두 사람이 죽고 황소 네 마리가 죽은 곳으로 갔다."

4.31. "뿍꾸사여, 그 무렵에 나는 탈곡장의 문밖으로 나와 노지에서 포행을 하고 있었다. 뿍꾸사여, 그러자 어떤 사람이 많은 사람들의 무리로부터 나와서 나에게로 다가왔다. 와서는 나에게 절을 올리고 한 곁에 섰다. 뿍꾸사여, 나는 한 곁에 선 그 사람에게 이렇게 말했다."

4.32. "'여보게, 왜 많은 사람들의 무리가 여기 모였는가?'
'세존이시여, 여기에 비가 억수같이 내리고 비가 콸콸 쏟아지고 번개가 치고 천둥소리가 요란하였으며 탈곡장에서 농부 두 사람과 황소 네 마리가 벼락에 맞아서 죽었습니다. 그래서 저 많은 사람들의 무리가 여기 모인 것입니다. 세존이시여, 그런데 세존께서는 어디에 계셨습니까?'

'여보게, 바로 여기 있었다네.'
'세존이시여, 그런데 보지 못하셨단 말입니까?'
'여보게, 나는 보지 못하였다네.'
'세존이시여, 그렇다면 소리도 듣지 못하셨습니까?'
'여보게, 나는 소리도 듣지 못하였네.'
'세존이시여, 그러면 잠드셨습니까?'
'여보게, 나는 잠들지 않았네.'
'세존이시여, 그러면 인식을 가지고 계셨습니까?'
'여보게, 그렇다네.'
'세존이시여, 그런 세존께서는 참으로 인식을 가지고 있고 깨어 있으면서도 비가 억수같이 내리고 비가 콸콸 쏟아지고 번개가 치고 천둥소리가 요란한데도 그것을 보지도 못하고 듣지도 못하셨단 말입니까?'
'여보게, 그렇다네.'"

4.33. "뻐꾸사여, 그러자 그 사람에게 이런 생각이 들었다. '출가자들은 참으로 고요하게 머무르니 참으로 경이롭고 참으로 놀랍구나. 여기서 인식을 가지고 있고 깨어 있으면서도 비가 억수같이 내리고 비가 콸콸 쏟아지고 번개가 치고 천둥소리가 요란한 것을 보지도 못하고 소리를 듣지도 못하는구나.'라고. 이와 같이 그는 나에게 청정한 믿음을 크게 표시한 뒤 떠났다."

4.34. 이렇게 말씀하시자 뿍꾸사 말라뿟따는 세존께 이렇게 말씀드렸다. "세존이시여, 제가 알라라 깔라마에게 가졌던 청정한 믿음은 마치 강풍에 날아가듯이 날아 가버렸고, 강의 급류에 휩쓸리듯이 휩쓸려 가버렸습니다. 경이롭습니다, 세존이시여. 경이롭습니다, 세존이시여. 마치 넘어진 자를 일으켜 세우시듯, 덮여있는 것을 걷어내 보이시듯, [방향을] 잃어버린 자에게 길을 가리켜 주시듯, '눈 있는 자 형상을 보라.'고 어둠 속에서 등불을 비춰 주시듯, 세존께서는 여러 가지 방편으로 법을 설해주셨습니다. 저는 이제 세존께 귀의하옵고, 법과 비구 승가에 또한 귀의하옵니다. 세존께서는 저를, 오늘부터 목숨이 있는 날까지 귀의한 청신사로 받아 주소서."

4.35. 그리고 뿍꾸사 말라뿟따는 어떤 사람을 불러서 말하였다. "여보게, 그대는 지금 입을 수 있는 황금색 옷 두 벌을 나에게로 가져오시오."

"그렇게 하겠습니다, 존자시여."라고 그 사람은 뿍꾸사 말라뿟따에게 대답한 뒤 지금 입을 수 있는 황금색 옷 두 벌을 가지고 왔다. 그러자 꾹꾸사 말라뿟따는 지금 입을 수 있는 황금색 옷 두 벌을 세존께 바쳤다.

"세존이시여, 세존께서는 저를 애민하게 여기시어 지금 있는 황금색 옷 두 벌을 받아 주소서."

"뿍꾸사여, 그렇다면 한 벌은 내게 보시하고, 한 벌은 아난다에게 보시하여라."

"그렇게 하겠습니다, 세존이시여."라고 뿍꾸사 말라뿟따는 세존께 대답한 뒤 한 벌은 세존께 보시하였고, 한 벌은 아난다 존자께 보시하였다.

4.36. 그러자 세존께서는 뿍꾸사 말라뿟따에게 법을 설하시고 격려하시고 분발하게 하시고 기쁘게 하셨다. 그러자 뿍꾸사 말라뿟따는 세존께서 설하신 법을 [듣고] 격려 받고 분발하고 기뻐하여 자리에서 일어나 세존께 절을 올리고 오른쪽으로 [세 번] 돌아 [경의를 표한] 뒤에 물러갔다.

광채가 나는 여래의 몸

4.37. 뿍꾸사 말라뿟따가 물러간 지 오래지 않아서 아난다 존자는 지금 입을 수 있는 황금색 옷을 세존께 입혀드렸다. 세존의 몸에 그 옷을 입혀드렸지만 [세존의 몸에서] 그 옷의 황금빛은 죽어 버린 것처럼 빛이 나지 않았다. 그러자 아난다 존자는 세존께 이렇게 말씀드렸다.

"경이롭습니다, 세존이시여. 놀랍습니다, 세존이시여. 세존이시여, 여래의 피부색이 이렇게 청정하고 이렇게 깨끗하다니요. 세존이시여, 지금 입을 수 있는 황금색 옷을 세존의 몸에 입혀드렸지만 그 옷의 황금빛은 마치 광채가 죽어 버린 것처럼 빛이 나지 않습니다."

"참으로 그러하다, 아난다여. 참으로 그러하다, 아난다여. 아난다여, 두 가지 경우에 여래의 몸은 지극히 청정하고 피부색은 깨끗하게 된다. 그러면 그 두 가지 경우란 어떤 것인가? 아난다여, 여래가 위없는 정등각을 깨달은 그 밤과 여래가 무여열반의 요소[界]로 반열반하는 밤이다. 아난다여, 이런 두 가지 경우에 여래의 몸은 지극히 청정하고, 피부색은 깨끗하게 된다."

4.38. "아난다여, 오늘 밤 삼경에 꾸시나라 근처에 있는 말라들의 살라 숲에서 한 쌍의 살라 나무[娑羅雙樹] 사이에서 여래의 반열반이 있을 것이다. 오라, 아난다여. 까꿋타 강으로 가자."

"그렇게 하겠습니다, 세존이시여."라고 아난다 존자는 세존께 대답하였다.

> 빛나는 황금색 옷 두 벌을 뿍꾸사는 바쳤으며
> 그것을 입은 황금색 피부를 가진 스승은 더 빛이 났다.119)

4.39. 그리고 세존께서는 많은 비구 승가와 함께 까꿋타 강으로 가셨다. 가서는 까꿋타 강에 들어가서 목욕을 하고 물을 마시고 다시 나오셔서 망고 숲으로 가셨다. 가셔서는 쭌다까

---

119) "이 게송은 [일차]합송(saṅgīti) 때에 지은 것이다."(DA.ii.571)

존자120)를 불러서 말씀하셨다. "쭌다까여, 가사를 네 겹으로 접어서 [자리를] 만들어라. 쭌다까여, 피곤하구나. 나는 좀 앉아야겠다."

"그렇게 하겠습니다, 세존이시여."라고 쭌다까 존자는 세존께 대답한 뒤 가사를 네 겹으로 접어서 [자리를] 만들었다.

4.40. 그러자 세존께서는 발과 발을 포개시고, 마음챙기고 알아차리시면서[正念正知] 일어날 시간을 인식하여 마음에 잡도리하신 후 오른쪽 옆구리로 사자처럼 누우셨다. 쭌다까 존자는 거기 세존의 앞에 앉았다.

4.41. 부처님은 까꿋타 강으로 가셨으니
투명하고 맑고 혼탁하지 않은 [그 강에]
세상에서 비할 데 없는 큰 스승 여래께선
심히 지친 몸을 담그고 목욕하고
물을 마시고 나오셨다.

---

120) 주석서에 의하면 이때 아난다 존자는 목욕할 때 입은 옷을 짜기 위해서 나가 있었고 쭌다까 존자가 옆에 있어서 세존께서는 그를 부르셨다고 한다.(*Ibid*)
DPPN에 의하면 쭌다까(Cundaka) 존자는 쭌다(Cunda) 존자이며 주석서에 의하면 이 쭌다 존자는 쭌다 사미(Cunda Samaṇuddesa)로도 불리던 사리뿟따 존자의 동생이었는데 구족계를 받은 후에도 사미라 애칭되기도 하였다고 한다.(DA.iii.907) 한때 그는 세존의 시자 소임을 맡기도 하였다.(ThagA.ii.124; Jā.iv.95 등)

비구 승가의 수장이시고
여기 [이 세상에서] 법을 설하시는 분
대 선인(仙人)[121]이신 그분 세존께서는
비구 승가에 둘러싸여서 망고 숲으로 가셨다.
쭌다까라는 비구를 불러서 말씀하셨으니
'네 겹으로 접은 가사 위에 나는 누우리라.'고.
자신을 잘 닦은 분에게서 명을 받은 쭌다[122]는
네 겹으로 가사를 접어서 [자리를] 만들었다.
스승께서는 피로한 몸을 누이셨나니
쭌다도 그분 앞에 앉았다.

4.42. 그런 후 세존께서는 아난다 존자를 불러서 말씀하셨다. "아난다여, 그런데 대장장이의 아들 쭌다가 이렇게 스스로를 힐난할지도 모른다. '여보게 쭌다여, 여래께서는 네가 드린 탁발 음식을 마지막으로 드시고 반열반에 드셨으니 이건 참으로 너의 잘못이고 너의 불행이로구나.'

아난다여, 대장장이 쭌다의 아들에게 이와 같이 말하여 자

---

121) 선인(仙人)은 isi의 역어이다. 선인에 대해서는 『디가 니까야』 제1권 「암밧타 경」(D3) §1.23의 주해를 참조할 것.
122) 본 게송에서 언급되는 쭌다(Cunda)는 쭌다까 존자이다. 대장장이 쭌다가 아니다. 게송의 운율을 맞추기 위해서 '-ka'어미를 생략했다. 그리고 '-ka' 어미는 이름이나 직업의 명칭 등에 자유로이 붙여 쓰기 때문에 Cundaka라 하든 Cunda라 하든 차이는 없다.

책감을 없애주어야 한다. '도반 쭌다여, 여래께서는 그대가 드린 탁발 음식을 마지막으로 드시고 반열반에 드셨으니 이건 그대의 공덕이고 그대의 행운입니다. 도반 쭌다여, 모든 곳에서 두루 결실123)을 가져오고 모든 곳에서 두루 과보를 가져오는 두 가지 탁발 음식이 다른 탁발 음식들을 훨씬 능가하는 더 큰 결실과 더 큰 이익을 가져다 준다고 나는 세존의 면전에서 직접 듣고 세존의 면전에서 직접 받아 지녔습니다.

어떤 것이 둘입니까? 그 탁발 음식을 드시고 여래께서 위없는 정등각을 깨달으신 것과 그 탁발 음식을 드시고 여래께서 무여열반의 요소[界]로 반열반을 하신 것입니다. 이런 두 가지 탁발 음식은 더 큰 결실과 더 큰 이익을 가져다줍니다. 다른 탁발 음식들을 훨씬 능가합니다.

이제 대장장이의 아들 쭌다님은 긴 수명을 가져다 줄 업을 쌓았습니다. 이제 대장장이의 아들 쭌다님은 좋은 용모를 가져다 줄 업을 쌓았습니다. 이제 대장장이의 아들 쭌다님은 행복을 가져다 줄 업을 쌓았습니다. 이제 대장장이의 아들 쭌다님은 명성을 가져다 줄 업을 쌓았습니다. 이제 대장장이의 아들 쭌다님은 천상에 태어날 업을 쌓았습니다. 이제 대장장이의 아들 쭌다님은 위세를 가질 업을 쌓았습니다.'라고

---

123) 원문은 samasamaphalā인데 복주서에서 "한 곳이 아닌(na eka-desa) 모든 곳에서 고르게 되어 고른 결실이 있다."(DAṬ.ii.222)라고 설명하고 있어서 이렇게 옮겼다.

아난다여, 이렇게 대장장이의 아들 쭌다의 자책감을 없애주어야 한다."

4.43. 그때 세존께서는 이런 뜻을 드러내신 뒤 다음의 감흥어를 읊으셨다.

> "베품에 의해서 공덕은 증가하고
> 제어에 의해서 증오는 쌓이지 않는다.
> 지혜로운 자124) 사악함을 없애고
> 탐욕과 성냄과 어리석음을 버려서 열반을 얻는다."

네 번째 바나와라가 끝났다.

한 쌍의 살라 나무

5.1. 그러자 세존께서는 아난다 존자를 불러서 말씀하셨다. "오라, 아난다여. 히란냐와띠 강의 저쪽 언덕, 꾸시나라 근처에 있는 말라들의 살라 숲으로 가자."

"그렇게 하겠습니다, 세존이시여."라고 아난다 존자는 세존께 대답했다. 그때 세존께서는 많은 비구 승가와 함께 히란냐와띠 강의 저쪽 언덕, 꾸시나라 근처에 있는 말라들의 살라 숲

---

124) 원어는 kusalo(善者, 능숙한 자)인데 주석서에서는 '지혜를 갖춘 자(ñāṇa-sampanno)'로 설명하고 있어서 이렇게 옮겼다.(DA.ii.572)

으로 가셨다.

가셔서는 아난다 존자를 불러서 말씀하셨다.

"아난다여, 그대는 한 쌍의 살라 나무 사이에 북쪽으로 머리를 둔 침상을 만들어라. 아난다여, 피곤하구나. 누워야겠다."

"그렇게 하겠습니다, 세존이시여."라고 아난다 존자는 세존께 대답한 뒤 두 살라 나무 사이에 북쪽으로 머리를 둔 침상을 만들었다. 그러자 세존께서는 발과 발을 포개고 마음챙기고 알아차리시면서[正念正知] 오른쪽 옆구리로 사자처럼 누우셨다.

5.2. 그러자 한 쌍의 살라 나무는 때 아닌 꽃들로 만개하여 여래께 예배를 올리기 위해서 여래의 몸 위로 떨어지고 흩날리고 덮었다. 하늘나라의 만다라와 꽃125)들이 허공에서 떨어져서 여래께 예배를 올리기 위해서 여래의 몸 위로 떨어지고 흩날리고 덮었다. 하늘나라의 전단향 가루가 허공에서 떨어져서 여래께 예배를 올리기 위해서 여래의 몸 위로 떨어지고 흩날리고 덮었다. 하늘나라의 음악이 여래께 예배를 올리기 위해서 허공에서 연주되었으며 하늘나라의 노래가 여래께 예배를 올리기 위해서 울려 퍼졌다.

5.3. 그러자 세존께서는 아난다 존자를 불러서 말씀하셨

---

125) 원어는 mandārava-puppha인데 우리에게 만다라(曼茶羅) 꽃으로 알려져 있다. 천묘화(天妙華)로 번역되기도 하였다. 이것은 천상에 있는 다섯 가지 꽃들 가운데 하나이다.

다. "아난다여, 한 쌍의 살라 나무는 때 아닌 꽃들로 만개하여 여래께 예배를 올리기 위해서 여래의 몸 위로 떨어지고 흩날리고 덮이는구나. 하늘나라의 만다라와 꽃들이 허공에서 떨어져서 여래께 예배를 올리기 위해서 여래의 몸 위로 떨어지고 흩날리고 덮이는구나. 하늘나라의 전단향 가루가 허공에서 떨어져서 여래께 예배를 올리기 위해서 여래의 몸 위로 떨어지고 흩날리고 덮이는구나. 하늘나라의 음악이 여래께 예배를 올리기 위해서 허공에서 연주되고 하늘나라의 노래가 여래께 예배를 올리기 위해서 울려 퍼지는구나.

아난다여, 그러나 이러한 것으로는 여래를 존경하고 존중하고 숭상하고 예배하는 것이 아니다. 아난다여, 비구나 비구니나 청신사나 청신녀가 [출세간]법에 이르게 하는 법을 닦고, 합당하게 도를 닦고, 법을 따라 행하며 머무는 것이 참으로 최고의 예배로 여래를 존경하고 존중하고 숭상하고 예배하는 것이다. 그러므로 아난다여, 여기서 우리는 [출세간]법에 이르게 하는 법을 닦고, 합당하게 도를 닦고, 법을 따라 행하며 머물러야 한다."

우빠와나 장로

5.4. 그때에 우빠와나[126] 존자가 세존의 앞에 서서 세존

---

126) 『장로게 주석서』에 의하면 우빠와나(Upavāna) 존자는 사왓티의

께 부채를 부쳐드리고 있었다. 그러자 세존께서는 "비구여, 저리로 가거라. 내 앞에 서지 말라."고 하시면서 우빠와나 존자를 달가워하지 않으셨다.

그러자 아난다 존자에게 이런 생각이 들었다.

'이 우빠와나 존자는 오랜 세월 세존의 시자였으며 항상 임석해 있었고 항상 곁에 모시고 살았다. 그런데 지금 세존께서는 마지막 [임종]시간에 이르러 '비구여, 저리로 가거라. 내 앞에 서지 말라.'고 하시면서 우빠와나 존자를 달가워하지 않으신다. 무슨 이유와 무슨 조건 때문에 세존께서는 '비구여, 저리로 가거라. 내 앞에 서지 말라.'고 하시면서 우빠와나 존자를 달가워하지 않으시는 것일까?'

5.5. 그래서 아난다 존자는 세존께 이렇게 말씀드렸다. "세존이시여, 우빠와나 존자는 오랜 세월 세존의 시자였으며 항상 임석해 있었고 항상 곁에 모시고 살았습니다. 그런데 지금 세존께서는 마지막 [임종]시간에 이르러 '비구여, 저리로 가거라. 내 앞에 서지 말라.'고 하시면서 우빠와나 존자를 달가워하지 않으십니다. 세존이시여, 무슨 이유와 무슨 조건 때

부유한 바라문 출신이라고 한다. 세존께서 사왓티의 제따 숲에 머무실 때 세존의 위엄(anubhāva)에 감동하여 출가하였다고 한다. (ThagA.i.308) 본문에서 보듯이 그는 아난다 존자 이전에 세존의 시자로 있었다. 그와 관련된 경들이 『상윳따 니까야』와 『앙굿따라 니까야』에 나타난다.

문에 세존께서는 '비구여, 저리로 가거라. 내 앞에 서지 말라.' 고 하시면서 우빠와나 존자를 달가워하지 않으시는 것입니까?"

"아난다여, 여래를 친견하기 위해서 신들은 꾸시나라 근처에 있는 말라들의 살라 숲을 12요자나[27])까지 가득 채우고, 대략 열 곳의 세계로부터 모여들었다. 이 지역은 머리카락 한 올이 들어갈 틈이 없을 정도로, 큰 위력을 지닌 신들로 채워지지 않은 곳이 없다. 아난다여, 신들은 이렇게 푸념하고 있다. '우리는 참으로 여래를 친견하기 위해서 멀리서 왔다. 참으로 드물게 여래·아라한·정등각께서는 세상에 태어나신다. 오늘 밤 삼경에 그런 여래의 반열반이 있을 것이다. 그런데 이 큰 위력을 가진 비구가 세존의 앞에 서서 막고 있어서, 우리는 마지막 [임종]시간에 여래를 친견할 수가 없구나.'라고"

5.6. "세존이시여, 그러면 세존께서는 어떠한 신들을 마음에 잡도리하십니까?"

"아난다여, 허공에서 [땅을 창조하여] 땅의 인식을 가진 신들이 있나니[128]) 그들은 머리칼을 뜯으면서 울부짖고 손을 마구 흔들면서 울부짖고 다리가 잘린 듯이 넘어지고 이리 뒹굴

---

127) 1요자나(yojana)는 대략 7마일 즉 11㎞ 정도의 거리이다.『디가 니까야』제1권「소나단다 경」(D4) §7의 주해를 참조할 것.
128) "허공에다 땅을 만든 뒤에(pathaviṁ māpetvā) 그것에 대해서 땅이라는 인식을 가진 신들이다."(DA.ii.581)

고 저리 뒹굴면서 '세존께서는 너무 빨리 반열반하려 하시는구나. 너무 빨리 선서께서는 반열반하려 하시는구나. 너무 빨리 눈을 가진 분이 세상에서 사라지려 하시는구나.'라고 한다.

아난다여, 땅에서 [땅을 창조하여] 땅의 인식을 가진 신들이 있나니129) 그들은 머리칼을 뜯으면서 울부짖고 손을 마구 흔들면서 울부짖고 다리가 잘린 듯이 넘어지고 이리 뒹굴고 저리 뒹굴면서 '세존께서는 너무 빨리 반열반하려 하시는구나. 너무 빨리 선서께서는 반열반하려 하시는구나. 너무 빨리 눈을 가진 분이 세상에서 사라지려 하시는구나.'라고 한다.

그러나 애욕을 벗어난 신들은130) 마음챙기고 알아차리면서

---

129) "자연적으로 된 땅은 신들이 밟지 못한다. 거기서는 핫타까 범천처럼 신들이 가라 앉아버린다. 그래서 세존께서는 핫타까 범천에게 "핫타까여, 거친 몸(attabhāva)을 창조하라."(A.i.279)고 말씀하셨다. 그러므로 땅에서 땅을 창조하는 신들을 두고 이런 말씀을 하신 것이다."(DA.ii.581)

130) "애욕을 벗어난(vītarāgā) 신들은 슬픔을 버려서 마치 바위나 기둥과 같은 불환과를 얻은 신들과 번뇌 다한 신들(anāgāmi-khīṇāsava-devatā)이다."(*Ibid*)
불환과를 얻은 성자들은 정거천의 신들로 태어난다. 그런데 초기경들에서는 번뇌 다한(khīṇāsava) 자들은 아라한과 동의어로 쓰인다. 아라한은 어떤 수승한 신의 경지로도 가능할 수 없다. 그러므로 이러한 번뇌 다한 신들이란 표현은 수긍이 가지 않는다. 월슈도 주에서 이런 견해를 밝히고 있다.(Walshe, 537 주 424) 그래서 '번뇌 다한 불환과를 얻은 신들'들로 옮기고 싶지만, 그러나 분명히 복주서에서도 anāgāmino ca khīṇāsavā ca라고 '불환자들과 번뇌 다한 자들'로 설명하고 있어서 본문처럼 옮겼다.(MAṬ.i.76)

'형성된 것들은 무상하다. 그러니 여기서 [울부짖는다 해서] 무슨 소용이 있겠는가?'라고 한다."

네 가지 순례해야 할 장소

5.7. "세존이시여, 전에는 안거가 끝나면 비구들은 여래를 친견하러 왔고 우리는 그런 마음을 잘 닦은 비구들을 맞이하였고 그들은 세존을 친견하고 공경을 할 수 있었습니다. 세존이시여, 그러나 이제 세존께서 가시고 나면 우리는 그런 마음을 잘 닦은 비구들을 맞이하지 못할 것이고 그들은 세존을 친견하고 공경을 하지 못할 것입니다."

5.8. "아난다여, 믿음을 가진 선남자가 친견해야 하고 절박함을 일으켜야 하는 네 가지 장소가 있다.131) 어떤 것이 넷인가?

'여기서 여래가 태어나셨다.' ─ 아난다여, 이곳이 믿음을

주석서와 복주서에서는 정거천과 관련하여 anāgāmi-khīṇāsava가 머무는 곳이라는 표현이 종종 나타난다.(본서 「대전기경」(D14) §3.29 주해 참조) 아라한도 정거천에 태어난다는 이론은 대승불교적인 발상이 아닌가 생각되는데 여기에 대해서는 더 많은 자료를 찾아볼 예정이다.

131) 네 가지 장소는 우리에게 잘 알려진 부처님의 탄생지 룸비니와 성도지 보드가야와 초전법륜지 와라나시의 녹야원과 입멸지 꾸시나라이다. 지금도 이 네 곳은 세계의 불자들이 성지순례를 위해서 모여드는 곳이다.

가진 선남자가 친견해야 하고 절박함을 일으켜야 하는 장소이다. '여기서 여래가 위없는 정등각을 깨달으셨다.' — 이곳이 믿음을 가진 선남자가 친견해야 하고 절박함을 일으켜야 하는 장소이다. '여기서 여래가 위없는 법의 바퀴를 굴리셨다.' — 이곳이 믿음을 가진 선남자가 친견해야 하고 절박함을 일으켜야 하는 장소이다. '여기서 여래가 무여열반의 요소로 반열반 하셨다.' — 이곳이 믿음을 가진 선남자가 친견해야 하고 절박함을 일으켜야 하는 장소이다. 아난다여, 이것이 믿음을 가진 선남자가 친견해야 하고 절박함을 일으켜야 하는 네 가지 장소이다.

아난다여, '여기서 여래가 태어나셨다.' '여기서 여래가 위없는 정등각을 깨달으셨다.' '여기서 여래가 위없는 법의 바퀴를 굴리셨다.' '여기서 여래가 무여열반의 요소로 반열반하셨다.' 라면서 믿음을 가진 비구들과 비구니들과 청신사들과 청신녀들이 이곳을 방문할 것이다. 아난다여, 누구든 이러한 성지순례132)를 떠나는 청정한 믿음을 가진 자들은 모두 몸이 무너져 죽은 뒤 좋은 곳[善處], 천상세계에 태어날 것이다."

---

132) '성지순례'로 옮긴 원어는 cetiya-cārika로 '탑묘의 순례'라고 직역할 수 있다.

아난다의 질문

5.9. "세존이시여, 저희들은 어떻게 여인을 대처해야 합니까?"

"아난다여, 쳐다보지 말라."

"세존이시여, 쳐다보게 되면 어떻게 대처해야 합니까?"

"아난다여, 말하지 말라."

"세존이시여, 말을 하게 되면 어떻게 대처해야 합니까?"

"아난다여, 마음챙김을 확립해야 한다."

5.10. "세존이시여, 저희들은 어떻게 여래의 존체(尊體)[133]에 대처해야 합니까?"

"아난다여, 그대들은 여래의 몸을 수습하는 것에는[134] 관심을 두지 말라. 아난다여, 그대들은 근본에 힘쓰고[135] 근본에

---

133) 여기서 '존체(尊體)'로 옮긴 원어는 sarīra인데 일반적으로 몸을 뜻하며, 죽은 자의 시체/유체를 뜻하기도 한다. 여기서는 부처님의 유체(遺體)를 존중해서 부르는 의미에서 존체라고 옮기고, 문맥에 따라서 유체(遺體)라고도 옮기고 있다. 그리고 화장을 하고 난 뒤 남는 유골도 같은 sarīra라고 부르고 있는데 이것이 사리(舍利)로 한역되었다. 이 두 가지는 주석서에서도 구분해서 설명하고 있다. 여기에 대해서는 아래 §6.23의 주해를 참조할 것.
134) 원어는 sarīraṁ pūjāya인데 '존체를 공경하는 것에는'이라고 옮길 수 있다. 여기서는 문맥에 따라 이렇게 옮겼다.
135) "'근본에 힘쓰고(sāratthe ghaṭatha)'라는 것은 궁극적인 이상인 아라한 과(arahatta)를 얻는 것에 힘쓰라는 말이다."(DA.ii.583)

몰두하여라. 근본에 방일하지 말고 근면하고 스스로 독려하며 머물러라. 아난다여, 여래에 청정한 믿음이 있는 끄샤뜨리야 현자들과 바라문 현자들과 장자 현자들이 여래의 몸을 수습할 것이다."

5.11. "세존이시여, 그러면 어떻게 여래의 존체에 대처해야 합니까?"

"아난다여, 전륜성왕의 유체에 대처하듯이 여래의 유체에도 대처하면 된다."

"세존이시여, 그러면 어떻게 전륜성왕의 유체에 대처합니까?"

"아난다여, 전륜성왕의 유체는 새 천으로 감싼다. 새 천으로 감싼 뒤 새 솜으로 감싼다. 새 솜으로 감싼 뒤 [다시] 새 천으로 감싼다. 이런 방법으로 500번 전륜성왕의 유체를 감싼 뒤 황금으로[136) [만든] 기름통에 넣고, 황금으로 만든 다른 통으로 덮은 뒤, 모든 향으로 장엄을 하여, 전륜성왕의 유체를 화장한다. 그리고 큰 길 사거리에 전륜성왕의 탑을 조성한다. 아난다여, 전륜성왕의 유체는 이렇게 대처한다.

아난다여, 전륜성왕의 유체에 대처하듯이 여래의 유체도 대

---

136) 여기서 '황금'으로 옮긴 원어는 'ayasa'이다. 주석서에서는 이것을 황금(sovaṇṇa)과 동의어라고 설명하고 있다.(*Ibid*) āyasa는 철이지만 여기서는 ayasa로 나타난다. 그래서 역자도 황금으로 옮겼다. 한편 미얀마본에는 āyasa(철)로 나타나지만 주석서에는 역시 황금이라고 설명하고 있다.

처해야 한다. 그리고 큰 길 사거리에 여래의 탑을 조성해야 한다. 거기에 화환이나 향이나 향가루를 올리거나 절을 하거나 마음으로 청정한 믿음을 가지는 자들에게는 오랜 세월 이익과 행복이 있을 것이다.

탑을 조성해 기릴 만한 사람

5.12. "아난다여, 네 사람의 탑은 조성할 만하다. 어떤 것이 넷인가? 여래·아라한·정등각의 탑은 조성할 만하다. 벽지불의 탑은 조성할 만하다. 여래의 제자의 탑은 조성할 만하다. 전륜성왕의 탑은 조성할 만하다.

아난다여, 그러면 어떤 이익이 있기 때문에 여래·아라한·정등각의 탑은 조성할 만한가? 아난다여, '이것은 그분 세존·아라한·정등각의 탑이다.'라고 많은 사람들은 마음으로 청정한 믿음을 가진다. 그들은 거기서 마음으로 청정한 믿음을 가지고서 몸이 무너져 죽은 뒤 좋은 곳[善處], 천상세계에 태어난다. 아난다여, 이런 이익이 있기 때문에 여래·아라한·정등각의 탑은 조성할 만하다.

아난다여, 그러면 어떤 이익이 있기 때문에 벽지불의 탑은 조성할 만한가? 아난다여, '이것은 그분 벽지불의 탑이다.'라고 많은 사람들은 마음으로 청정한 믿음을 가진다. 그들은 거기서 마음으로 청정한 믿음을 가지고서 몸이 무너져 죽은 뒤 좋은 곳, 천상세계에 태어난다. 아난다여, 이런 이익이 있기 때문에 벽지불의 탑은 조성할 만하다.

아난다여, 그러면 어떤 이익이 있기 때문에 여래의 제자의 탑은 조성할 만한가? 아난다여, '이것은 여래의 제자의 탑이다.'라고 많은 사람들은 마음으로 청정한 믿음을 가진다. 그들은 거기서 마음으로 청정한 믿음을 가지고서 몸이 무너져 죽은 뒤 좋은 곳, 천상세계에 태어난다. 아난다여, 이런 이익이 있기 때문에 여래의 제자의 탑은 조성할 만하다.

아난다여, 그러면 어떤 이익이 있기 때문에 전륜성왕의 탑은 조성할 만한가? 아난다여, '이것은 정의로운 분이요 법다운 왕의 탑이다.'라고 많은 사람들은 마음으로 청정한 믿음을 가진다. 그들은 거기서 마음으로 청정한 믿음을 가지고서 몸이 무너져 죽은 뒤 좋은 곳, 천상세계에 태어난다. 아난다여, 이런 이익이 있기 때문에 전륜성왕의 탑은 조성할 만하다. 아난다여, 이것이 탑을 조성할 만한 네 사람이다."

아난다가 가진 경이로운 자질

5.13. 그러자 아난다 존자는 방으로 들어가서 문틀에 기대어 "나는 아직 유학(有學)137)이라서 더 닦아야 할 것이 있다.

---

137) 유학(有學)은 sekha(Sk. śaikṣa)의 번역이다. sekha는 √śikṣ(to be helpful, to learn)에서 파생된 명사이며 문자 그대로 배우는 자라는 뜻이다. 불교에서는 예류자, 일래자, 불환자의 성자를 유학이라 부

그러나 나를 연민해 주시는 스승께서는 이제 반열반을 하실 것이다."라고 울면서 서있었다.

그때 세존께서는 비구들을 불러서 말씀하셨다.

"비구들이여, 지금 아난다는 어디에 있는가?"

"세존이시여, 아난다 존자는 방으로 들어가서 문틀에 기대어 '나는 아직 유학이라서 더 닦아야 할 것이 있다. 그러나 나를 연민해 주시는 스승께서는 이제 반열반을 하실 것이다.'라고 울면서 서있습니다."

그러자 세존께서는 어떤 비구를 불러서 말씀하셨다.

"오라, 비구여. 그대는 나의 이름으로 아난다를 불러오라. '도반 아난다여, 스승께서 그대를 부르십니다.'라고"

"그렇게 하겠습니다, 세존이시여."라고 그 비구는 세존께 대답한 뒤 아난다 존자에게 다가갔다. 가서는 아난다 존자에게 이렇게 말하였다.

"도반 아난다여, 스승께서 그대를 부르십니다."

"알겠습니다, 도반이여."라고 아난다 존자는 그 비구에게 대답한 뒤 세존께 다가갔다. 가서는 세존께 절을 올리고 한 곁에 앉았다.

른다. 아라한은 더 이상 배우거나 닦아야 할 것이 없으므로 무학(無學, asekha)이라 하고 아직 유학과 무학의 성자의 반열에 들지 못한 모든 중생들을 범부(凡夫, puthujjana)라 부른다. 『디가 니까야』 제1권 「범망경」(D1) §1.7의 주해를 참조할 것.

5.14. 한 곁에 앉은 아난다 존자에게 세존께서는 이렇게 말씀하셨다. "그만 하여라, 아난다여. 슬퍼하지 말라. 탄식하지 말라. 아난다여, 참으로 내가 전에 사랑스럽고 마음에 드는 모든 것과는 헤어지기 마련이고 없어지기 마련이고 달라지기 마련이라고 그처럼 말하지 않았던가. 아난다여, 그러니 여기서 [그대가 슬퍼한들] 무슨 소용이 있겠는가? 아난다여, 태어났고 존재했고 형성된 것은 모두 부서지기 마련인 법이거늘 그런 것을 두고 '절대로 부서지지 말라.'고 한다면 그것은 있을 수 없는 일이다. 그런 경우란 존재하지 않는다. 아난다여, 그대는 오랜 세월 동안 이롭고 행복하고 둘이 아니고 한량이 없는 자애로운 몸의 업과, 이롭고 행복하고 둘이 아니고 한량이 없는 자애로운 말의 업과, 이롭고 행복하고 둘이 아니고 한량이 없는 자애로운 마음의 업으로 여래를 시봉하였다. 아난다여, 그대는 참으로 공덕을 지었다. 정진에 몰두하여라. 그대는 곧 번뇌 다한 [아라한이] 될 것이다."[138]

5.15. 그리고 나서 세존께서는 비구들을 불러서 말씀하셨다. "비구들이여, 과거세의 아라한·정등각들인 그분 세존들

---

138) 주석서들에 의하면 실제로 아난다 존자는 일차결집에 모인 몇몇 장로 비구들로부터 심한 경책을 받고 칠엽굴에서 1차 결집하는 날에 몸에 대한 마음챙김을 통해서 아라한이 되었다고 한다. 『디가 니까야』 제3권 부록 『디가 니까야 주석서』 서문 §26 이하를 참조할 것.

에게는 각각 최고의 시자들이 있었나니 예를 들면 나에게 아난다가 있는 것과 같다. 비구들이여, 미래세의 아라한·정등각들인 그분 세존들에게도 각각 최고의 시자들이 있을 것이니 예를 들면 나에게 아난다가 있는 것과 같다.

비구들이여, 아난다는 현자이다. 비구들이여, 아난다는 지혜롭다. 그는 '지금은 비구들이 여래를 친견하러 가기에 적당한 시간이다. 지금은 비구니들이 … 청신사들이 … 청신녀들이 … 왕들이 … 왕의 대신들이 … 외도들이 … 외도의 제자들이 여래를 친견하러 가기에 적당한 시간이다.'라고 잘 안다."

5.16. "비구들이여, 아난다에게는 네 가지 놀랍고 경이로운 법이 있다. 무엇이 넷인가?

비구들이여, 만일 비구의 무리가 아난다를 보기 위해서 다가가면 보는 것만으로 그들은 마음이 흡족해진다. 만일 거기서 아난다가 법을 설하면 설하는 것만으로도 그들의 마음은 흡족해진다. 만일 아난다가 침묵하고 있으면 비구의 무리는 흡족해 하지 않는다.

비구들이여, 만일 비구니의 무리가 아난다를 보기 위해서 다가가면 보는 것만으로 그들은 마음이 흡족해진다. 만일 거기서 아난다가 법을 설하면 설하는 것만으로도 그들의 마음은 흡족해진다. 만일 아난다가 침묵하고 있으면 비구니의 무리는 흡족해 하지 않는다.

비구들이여, 만일 청신사의 무리가 아난다를 보기 위해서 다가가면 보는 것만으로 그들은 마음이 흡족해진다. 만일 거기서 아난다가 법을 설하면 설하는 것만으로도 그들의 마음은 흡족해진다. 만일 아난다가 침묵하고 있으면 청신사의 무리는 흡족해 하지 않는다.

비구들이여, 만일 청신녀의 무리가 아난다를 보기 위해서 다가가면 보는 것만으로 그들은 마음이 흡족해진다. 만일 거기서 아난다가 법을 설하면 설하는 것만으로도 그들의 마음은 흡족해진다. 만일 아난다가 침묵하고 있으면 청신녀의 무리는 흡족해 하지 않는다. 비구들이여, 아난다에게는 이런 네 가지 놀랍고 경이로운 법이 있다.

비구들이여, 전륜성왕에게는 네 가지 놀랍고 경이로운 법이 있다. 무엇이 넷인가?

비구들이여, 만일 끄샤뜨리야의 무리가 전륜성왕을 보기 위해서 다가가면 보는 것만으로 그들은 마음이 흡족해진다. 만일 거기서 전륜성왕이 말을 하면 말하는 것만으로도 그들의 마음은 흡족해진다. 만일 전륜성왕이 침묵하고 있으면 끄샤뜨리야의 무리는 흡족해 하지 않는다.

비구들이여, 만일 바라문의 무리가 … 장자의 무리가 … 사문의 무리가 전륜성왕을 보기 위해서 다가가면 보는 것만으로 그들은 마음이 흡족해진다. 만일 거기서 전륜성왕이 말을 하면 말하는 것만으로도 그들의 마음은 흡족해진다. 만일 전륜성왕이 침묵하고 있으면 사문의 무리는 흡족해 하지 않는다.

그와 마찬가지로 비구들이여, 아난다에게는 네 가지 놀랍고 경이로운 법이 있다. 비구들이여, 만일 비구의 무리가 … 비구니의 무리가 … 청신사의 무리가 … 청신녀의 무리가 아난다를 보기 위해서 다가가면 보는 것만으로 그들은 마음이 흡족해진다. 만일 거기서 아난다가 법을 설하면 설하는 것만으로도 그들의 마음은 흡족해진다. 만일 아난다가 침묵하고 있으면 청신녀의 무리는 흡족해 하지 않는다."

마하수닷사나 왕에 대한 말씀

5.17. 이렇게 말씀하시자 아난다 존자는 세존께 이렇게 말씀드렸다. "세존이시여, 세존께서는 이처럼 조그마하고 척박하고 볼품없는 도시에서 반열반하지 마시옵소서. 세존이시여, 짬빠, 라자가하, 사왓티, 사께따, 꼬삼비, 와라나시 같은 다른 큰 도시들이 있습니다. 거기에는 세존께 청정한 믿음을 가진 많은 끄샤뜨리야 부호들과 바라문 부호들과 장자 부호들이 있습니다. 그들은 여래의 존체를 잘 수습할 것입니다."

"아난다여, 그렇게 말하지 말라. 아난다여, [꾸시나라를] 조그마하고 척박하고 볼품없는 도시라고 그렇게 말하지 말라."

5.18. "아난다여, 옛적에 마하수닷사나라는 전륜성왕이 있었나니 그는 정의로운 분이요 법다운 왕이었으며 사방을 정복

한 승리자여서 나라를 안정되게 하고 일곱 가지 보배를 두루 갖추었다. 아난다여, 이 꾸시나라는 마하수닷사나 왕이 [다스리던] 꾸사와띠라는 수도였으니 동쪽부터 서쪽까지는 12요자나의 길이였고 북쪽부터 남쪽까지는 7요자나의 너비였다. 아난다여, 수도 꾸사와띠는 부유하고 번창하였으며 인구가 많고 사람들로 붐비며 풍족하였다. 아난다여, 마치 알라까만다라는 신들의 수도가 부유하고 번창하고 인구가 많고 사람들로 붐비며 풍족한 것처럼, 그와 같이 수도 꾸사와띠는 부유하고 번창하였으며 인구가 많고 사람들로 붐비며 풍족하였다. 아난다여, 수도 꾸사와띠에는 열 가지 소리가 끊인 적이 없었나니 즉 코끼리 소리, 말 소리, 마차 소리, 북 소리, 무딩가 북 소리, 류트 소리, 노래 소리, 심벌즈 소리, 벨 소리, 그리고 열 번째로 '잡수세요, 마시세요, 드세요.'라는 소리였다."[139]

말라들의 친견

5.19. "아난다여, 가거라. 그대는 꾸시나라에 들어가서 꾸시나라에 사는 말라들에게 이렇게 일러라. '와셋타[140]들이여,

---

139) 마하수닷사나 왕에 대한 이야기는 『디가 니까야』 제2권 「마하수닷사나 경」(Mahāsudassanasutta, D17)에 상세하게 나타나고 있다.
140) 여기서 보듯이 와셋타(Vāseṭṭha)는 꾸시나라에 사는 말라들의 족성(gotta)이다. 아마 인도의 유명한 선인 Vaisiṣṭha에서 유래했을 것이다.(DPPN) 『디가 니까야』 제3권 「합송경」(D33) §1.4에서는 빠와(Pāvā)에 사는 말라들도 와셋타라고 호칭하고 있다.

오늘 밤 삼경에 여래의 반열반이 있을 것입니다. 와셋타들이여, 오십시오. 와셋타들이여, 오십시오. '우리 마을의 땅에서 여래의 반열반이 있었는데 우리는 마지막 [임종]시간에 여래를 친견하지 못했구나.'라고 나중에 자책하지 마십시오.'라고"

"그렇게 하겠습니다, 세존이시여."라고 아난다 존자는 세존께 대답한 뒤 옷매무새를 가다듬고 발우와 가사를 수하고 도반과 함께 꾸시나라로 들어갔다.

5.20. 그 무렵에 꾸시나라에 사는 말라들은 어떤 일 때문에 집회소에 함께 모여 있었다. 그때 아난다 존자는 꾸시나라에 사는 말라들의 집회소로 다가갔다. 가서는 꾸시나라의 말라들에게 이렇게 일렀다. "와셋타들이여, 오늘 밤 삼경에 여래의 반열반이 있을 것입니다. 와셋타들이여, 오십시오. 와셋타들이여, 오십시오. '우리 마을의 땅에서 여래께서 반열반하셨는데 우리는 마지막 [임종]시간에 여래를 친견하지 못했구나.'라고 나중에 자책하지 마십시오."

5.21. 아난다 존자의 이런 말을 듣고서 말라들과 말라의 아들들과 말라의 며느리들과 말라의 아내들은 괴롭고 슬프고 정신적인 공황상태에 빠져 어떤 자들은 머리칼을 뜯으면서 울부짖고 손을 마구 흔들면서 울부짖고 다리가 잘린 듯이 넘어지고 이리 뒹굴고 저리 뒹굴면서 "세존께서는 너무 빨리 반열반

하려 하시는구나. 너무 빨리 선서께서는 반열반하려 하시는구나. 너무 빨리 눈을 가진 분이 세상에서 사라지려 하시는구나."라고 하였다. 그리고 말라들과 말라의 아들들과 말라의 며느리들과 말라의 아내들은 괴롭고 슬프고 정신적인 공황상태에 빠져 근처에 있는 말라들의 살라 숲으로 아난다 존자에게 다가갔다.

5.22. 그리고 아난다 존자에게 이런 생각이 들었다. "만일 내가 꾸시나라에 사는 말라들을 한 사람씩 세존께 인사드리게 한다면 꾸시나라에 사는 말라들이 다 인사드리지 못한 채 밤이 새어버릴 것이다. 그러니 나는 꾸시나라에 사는 말라들을 가문별로 서게 하여 '세존이시여, 이러한 이름의 말라가 아들들과 아내와 일꾼들과 친구들과 함께 세존의 발에 머리 조아려 인사드립니다.'라고 세존께 인사드리게 해야겠다." 그리고 나서 아난다 존자는 꾸시나라에 사는 말라들을 가문별로 서게 하여 '세존이시여, 이러한 이름의 말라가 아들들과 아내와 일꾼들과 친구들과 함께 세존의 발에 머리 조아려 인사드립니다.'라고 세존께 인사드리게 했다. 그래서 아난다 존자는 이런 방법으로 초경에 꾸시나라에 사는 말라들이 모두 세존께 인사를 마치게 하였다.

수밧다 유행승의 일화

5.23. 그 무렵에 수밧다라는 유행승[141]이 꾸시나라에 살고 있었다. 수밧다 유행승은 '오늘 밤 삼경에 사문 고따마의 반열반이 있을 것이다.'라고 들었다. 그러자 수밧다 유행승에게 이런 생각이 들었다. "늙고 나이 든, 스승들의 전통을 가진 유행승들이 말하기를 '참으로 드물게 여래·아라한·정등각은 세상에 태어나신다.'라고 하는 것을 나는 들었다. 그런데 오늘 밤 삼경에 사문 고따마께서는 반열반하신다고 한다. 내게는 법에 대한 의심이 생겼다. 나는 사문 고따마께 청정한 믿음이 있다. 그러므로 사문 고따마께서는 내가 [품은] 법에 대한 의심을 제거할 수 있도록 법을 설해 주실 것이다."

5.24. 그러자 수밧다 유행승은 근처에 있는 말라들의 살라 숲으로 아난다 존자에게 다가갔다. 가서는 아난다 존자에게 이렇게 말했다. "아난다 존자여, 늙고 나이 든, 스승들의 전통을 가진 유행승들이 말하기를 '참으로 드물게 여래·아라한·정등각은 세상에 태어나신다.'라고 하는 것을 나는 들었습니다. 그런데 오늘 밤 삼경에 사문 고따마께서는 반열반하신다고 합니다. 내게는 법에 대한 의심이 생겼습니다. 나는 사문

---

141) 유행승(遊行僧)에 대해서는 『디가 니까야』 제1권 「범망경」(D1) § 1.1의 주해를 참조할 것.

고따마께 청정한 믿음이 있습니다. 그러므로 사문 고따마께서는 내가 [품은] 법에 대한 의심을 제거할 수 있도록 법을 설해 주실 것입니다. 아난다 존자여, 이런 내가 사문 고따마를 친견하도록 해 주시면 감사하겠습니다."

그러자 아난다 존자는 수밧다 유행승에게 이렇게 말했다. "도반 수밧다여, 그만 되었습니다. 여래를 성가시게 하지 마십시오. 세존께서는 피로하십니다."

두 번째로 … 세 번째로 수밧다 유행승은 아난다 존자에게 이렇게 말했다. "아난다 존자여, 늙고 나이 든, 스승들의 전통을 가진 유행승들이 말하기를 '참으로 드물게 여래·아라한·정등각은 세상에 태어나신다.'라고 하는 것을 나는 들었습니다. 그런데 오늘 밤 삼경에 사문 고따마께서는 반열반하신다고 합니다. 내게는 법에 대한 의심이 생겼습니다. 나는 사문 고따마께 청정한 믿음이 있습니다. 그러므로 사문 고따마께서는 내가 [품은] 법에 대한 의심을 제거할 수 있도록 법을 설해 주실 것입니다. 아난다 존자여, 이런 내가 사문 고따마를 친견하도록 해 주시면 감사하겠습니다."

세 번째로 아난다 존자는 수밧다 유행승에게 이렇게 말했다. "도반 수밧다여, 그만 되었습니다. 여래를 성가시게 하지 마십시오. 세존께서는 피로하십니다."

5.25. 세존께서는 아난다 존자가 수밧다 유행승과 함께 나

눈 대화를 들으셨다. 그러자 세존께서는 아난다 존자를 불러서 말씀하셨다. "아난다여, 그만 하라. 수밧다를 막지 말라. 아난다여, 수밧다가 여래를 친견하게 해주어라. 수밧다가 내게 질문하려 하는 것은 모두 구경의 지혜를 터득하고자 함이지, 나를 성가시게 하고자 함이 아니다. 그가 질문한 것에 대해 내가 설명해 주면 그는 빨리 그것을 알게 될 것이다." 그러자 아난다 존자는 수밧다 유행승에게 이렇게 말하였다. "도반 수밧다여, 들어가십시오. 세존께서 그대에게 기회를 주셨습니다."

5.26. 그러자 수밧다 유행승은 세존께 다가갔다. 가서는 세존과 함께 환담을 나누었다. 유쾌하고 기억할 만한 이야기로 서로 담소를 하고서 한 곁에 앉았다. 한 곁에 앉은 수밧다 유행승은 세존께 이렇게 말씀드렸다. "고따마 존자시여, 어떤 사문·바라문들은 승가를 가졌고 무리를 가졌고 무리의 스승이며 잘 알려졌고 명성을 가졌고 교단의 창시자이며 많은 사람들이 사두라고 인정합니다. 그들은 뿌라나 깟사빠, 막칼리 고살라, 아지따 께사깜발라, 빠꾸다 깟짜야나, 산자야 벨랏티뿟따, 니간타 나따뿟따입니다.142) 그들은 모두 스스로 자처하듯이 최상의 지혜를 가졌습니까? 아니면 모두 최상의 지혜를 가지지 못했습니까? 아니면 어떤 자들은 최상의 지혜를 가졌고 어떤

---

142) 이들의 가르침은 『디가 니까야』 제1권 「사문과경」(D2)에 정리되어 나타나 있다.

자들은 최상의 지혜를 가지지 못했습니까?"

"그만하라, 수밧다여. 그만 멈추어라. 그들 모두가 스스로 자처하듯이 최상의 지혜를 가졌건, 모두가 최상의 지혜를 가지지 못했건, 어떤 자들은 최상의 지혜를 가졌고 어떤 자들은 최상의 지혜를 가지지 못했건 간에, 나는 그대에게 법을 설하리라. 이것을 잘 들어라. 듣고 마음에 잘 새겨라. 이제 나는 설하리라."

"그렇게 하겠습니다, 존자시여."라고 수밧다 유행승은 세존께 대답했다. 세존께서는 이렇게 말씀하셨다.143)

5.27. "수밧다여, 어떤 법과 율에서든 여덟 가지 성스러운 도[八支聖道]가 없으면 거기에는 사문도 없다. 거기에는 두 번째 사문도 없다. 거기에는 세 번째 사문도 없다. 거기에는 네 번째 사문도 없다. 수밧다여, 그러나 어떤 법과 율에서든 여덟 가지 성스러운 도[八支聖道]가 있으면 거기에는 사문도 있다. 거기에는 두 번째 사문도 있다. 거기에는 세 번째 사문도 있다. 거기에는 네 번째 사문도 있다.

수밧다여, 이 법과 율에는 여덟 가지 성스러운 도가 있다. 수밧다여, 그러므로 오직 여기에만 사문이 있다. 여기에만 두

---

143) 한편 수밧다의 이러한 질문은 『맛지마 니까야』 「짧은 고갱이 비유경」(Cūlasāropama Sutta, M30)에서 바라문 삥갈라곳차가 세존께 드린 질문과 같다.

번째 사문이 있다. 여기에만 세 번째 사문이 있다. 여기에만 네 번째 사문이 있다. 다른 교설들에는 사문들이 텅 비어 있다. 수밧다여, 이 비구들이 바르게 머문다면 세상에는 아라한들이 텅 비지 않을 것이다.

> 수밧다여, 29세가 되어 나는
> 무엇이 유익함인지를 구하여 출가하였노라.
> 수밧다여, 이제 51년 동안
> 출가 생활을 하면서 바른 방법과 법을 위해서
> [여러] 지방에 머물렀나니
> 이밖에는 사문이 없다.

두 번째 사문도 없다. 세 번째 사문도 없다. 네 번째 사문도 없다. 다른 교설들에는 사문들이 텅 비어 있다. 수밧다여, 이 비구들이 바르게 머문다면 세상에는 아라한들이 텅 비지 않을 것이다."

5.28. 이렇게 말씀하시자 수밧다 유행승은 세존께 이렇게 말씀드렸다. "경이롭습니다, 세존이시여. 경이롭습니다, 세존이시여. 마치 넘어진 자를 일으켜 세우시듯, 덮여있는 것을 걷어내 보이시듯, [방향을] 잃어버린 자에게 길을 가리켜 주시듯, '눈 있는 자 형상을 보라.'고 어둠 속에서 등불을 비춰 주시듯, 세존께서는 여러 가지 방편으로 법을 설해주셨습니다.

저는 이제 세존께 귀의하옵고, 법과 비구 승가에 또한 귀의하옵니다. 세존이시여, 저는 세존의 곁에 출가하고자 합니다. 저는 구족계를 받고자 합니다."

"수밧다여, 전에 외도였던 자가 이 법과 율에서 출가하기를 원하고 구족계 받기를 원하면 그는 넉 달의 견습기간을 거쳐야 한다. 넉 달이 지나고 비구들이 동의하면 출가하게 하여 비구가 되는 구족계를 받게 한다. 물론 여기에 개인마다 차이가 있음을 나는 인정한다."

5.29. "세존이시여, 만일 전에 외도였던 자가 이 법과 율에서 출가하기를 원하고 구족계 받기를 원하면 그는 넉 달의 견습기간을 거쳐야 하고, 넉 달이 지나고 비구들이 동의하면 출가하게 하여 비구가 되는 구족계를 받게 하신다면, 저는 4년의 견습기간을 거치겠습니다. 4년이 지나고 비구들이 동의하면 출가하게 하시어 비구가 되는 구족계를 받게 해 주소서."

그러자 세존께서는 아난다를 불러서 말씀하셨다.

"아난다여, 참으로 저러하니 수밧다 유행승을 출가하게 하여라."

"그렇게 하겠습니다, 세존이시여."라고 아난다 존자는 세존께 대답하였다.

5.30. 그러자 수밧다 유행승은 아난다 존자에게 이렇게 말

하였다. "도반 아난다여, 그대들은 스승의 면전에서 그분의 제자로 수계를 받았으니 그대들은 참으로 이익을 얻었습니다. 그대들은 참으로 큰 이익을 얻었습니다."

수밧다 유행승은 세존의 곁으로 출가하였고 구족계를 받았다. 구족계를 받은 지 얼마 되지 않아서 수밧다 존자는 혼자 은둔하여 방일하지 않고 열심히, 스스로 독려하며 지냈다. 그는 오래지 않아 좋은 가문의 아들들이 집에서 나와 출가하여 성취하고자 하는 그 위없는 청정범행의 완성을 지금여기에서 스스로 최상의 지혜로 실현하고 구족하여 머물렀다. '태어남은 다했다. 청정범행은 성취되었다. 할 일을 다 해 마쳤다. 다시는 어떤 존재로도 돌아오지 않을 것이다.'라고 최상의 지혜로 알았다. 수밧다 존자는 아라한들 중의 한 분이 되었다. 그는 세존의 마지막 직계제자였다.

다섯 번째 바나와라가 끝났다.

여래의 마지막 유훈

6.1. 그때 세존께서는 아난다 존자를 불러서 말씀하셨다. "아난다여, 그런데 아마 그대들에게 '스승의 가르침은 이제 끝나 버렸다. 이제 스승은 계시지 않는다.'라는 이런 생각이 들지도 모른다. 아난다여, 그러나 그렇게 봐서는 안된다. 아난다

여, 내가 가고난 후에는 내가 그대들에게 가르치고 천명한144) 법과 율이 그대들의 스승이 될 것이다."145)

---

144) 주석서에 의하면 여기서 '가르치고 천명한'은 법과 율에 모두 다 적용되어, '내가 가르치고 천명한 법'과 '내가 가르치고 천명한 율'로 해석해야 한다고 한다.(DA.ii.591)
145) 세존의 마지막 말씀 가운데 제일 처음이 '법(dhamma)과 율(vinaya)이 비구들의 스승'이라는 귀하고도 귀한 말씀이다. 그러면 어떤 것이 법이고 어떤 것이 율인가? 주석서에서는 다음과 같이 구체적으로 경·율·론 삼장으로 법과 율을 설명하고 있다.
"나는 그대들에게 '이것은 가벼운 것이다. 이것은 무거운 것이다. 이것은 회과(悔過)할 수 있는 것이다. 이것은 회과할 수 없는 것이다. 이것은 일반적인 잘못이다. 이것은 개념적인 잘못이다. 이러한 범계(犯戒)는 개인의 앞에서 [참회하여] 벗어난다. 이러한 범계는 승가의 앞에서 [참회하여] 벗어난다.'라고 확정하였다. 이처럼 중생의 범계의 무더기를 갖춘 사건들에 대한 『칸다까』(犍度, 品)와 『빠리와라』(附錄, 주석서들과 복주서들에서는 이 둘을 아비위나야(Abhivinaya)라고 이름하기도 한다)와 더불어 두 가지 『위방가』(비구계와 비구니계에 대한 분석)인 율(vinaya)을 설하였다. 이 전체 율장이 내가 반열반하고 나면 그대들의 스승의 역할을 할 것이다.
나는 그대들에게 '네 가지 마음챙김의 확립[四念處], 네 가지 바른 노력[四正勤], 네 가지 성취수단[四如意足], 다섯 가지 기능[五根], 다섯 가지 힘[五力], 일곱 가지 깨달음의 구성요소[七覺支], 여덟 가지 구성요소로 된 성스러운 도[八正道]'라는 이러한 가르침을 확정하였다.(이 37보리분법에 대해서는 『청정도론』 XXII.33 이하와 『아비담마 길라잡이』 7장 §§ 24~33을 참조할 것) 이처럼 이러한 법들을 분석하고 분석한 뒤에 경장을 설하였다. 이 전체 경장이 내가 반열반하고 나면 그대들의 스승의 역할을 할 것이다.
그리고 나는 그대들에게 다섯 가지 무더기들[蘊], 12가지 감각장소들[處], 18가지 요소들[界], 네 가지 진리들[諦], 22가지 기능들[根], 아홉 가지 원인들[因], 네 가지 음식[食], 일곱 가지 감각접촉[觸], 일곱

6.2. "아난다여, 그리고 지금 비구들은 서로를 모두 도반(āvuso)이라는 말로 부르고 있다. 그러나 내가 가고난 후에는 그대들은 이렇게 불러서는 안된다. 아난다여, 구참(舊參) 비구는 신참 비구를 이름이나 성이나 도반이라는 말로 불러야 한다. 신참 비구는 구참 비구를 존자(bhante)라거나 장로(āyasmā)라고 불러야 한다."146)

가지 느낌[受], 일곱 가지 인식[想], 일곱 가지 의도[思], 일곱 가지 마음[心]을 확정하였다. 여기서 이러한 법들은 욕계에 속하고, 이러한 법들은 색계에 속하고, 이러한 법들은 무색계에 속하고, 이러한 법들은 [세속에] 속하는 것이고, 이러한 법들은 [세속에] 속하지 않는 것이고, 이러한 법들은 세간적인 것이고, 이러한 법들은 출세간적인 것이라고 확정하였다. 이러한 법들을 분석하고 분석한 뒤 24가지 전체 빳타나(paṭṭhāna, 상호의존,『아비담마 길라잡이』8장 §11 이하 참조)를 끝이 없는 방법으로 큰 빳타나로 장엄하여 논장을 설하였다. 이 전체 논장이 내가 반열반하고 나면 그대들의 스승의 역할을 할 것이다."(DA.ii.592)
146) 세존의 두 번째 마지막 유훈은 호칭에 대한 것이다. 세존이 살아계실 동안은 존자(bhante)라는 호칭은 은사 스님 등에게도 사용되었지만 대부분 세존을 지칭하는 호칭으로 쓰였다. 이제 세존께서 반열반에 드시면 신참 비구들은 구참 비구들을 모두 존자(bhante)로 불러라는 말씀이시다.
한편 bhante는 예외 없이 호격으로만 쓰이고 있고 āyasmā는 거의 대부분 장로 스님들의 이름 앞에 쓰여서 āyasmā Ānando(아난다 존자), āyasmā Sāriputto(사리뿟따 존자) 등으로 나타나고 있다. 초기불전연구원에서는 bhante와 āyasmā 둘 다를 모두 '존자'로 옮기고 있다. 단 bhante가 세존께 대한 호칭일 때는 '세존이시여'로 구분해서 옮기고 있다. 그리고 thera는 장로로 옮겼다.

6.3. "아난다여, 승가가 원한다면 내가 가고난 후에는 사소한[雜碎]147) 학습계목들은 폐지해도 좋다."148)

---

147) 사소한 것[雜碎, khudda-anukhuddaka]은 비구계목의 일곱 가지 항목 가운데서 4바라이죄(pārājikā)를 제외한 나머지들이라고 설명한다.(DA.ii.592) 여기에 대해서는 『청정도론』 I.27의 주해를 참조할 것. 그러나 주석서는 『밀린다왕문경』에서 나가세나 존자가 어떤 것이 사소한 것인지 결정하기 힘들다고 한 것을 덧붙여 소개하고 있다.(*Ibid*)
한편 세존이 입멸하신 뒤 마하깟사빠(대가섭) 존자를 위시한 일련의 스님들이 아난다 존자를 비난한 것 가운데 하나가 세존께 어떤 것이 사소한 계인지 여쭙지 않았다는 것이다. 이처럼 초기부터 어떤 것이 사소한 계인지를 결정하는 것은 비구 승가 안에서도 논란거리였음이 분명하다.
148) "그러면 왜 세존께서는 '폐지하라(samūhanatha)'고 전적으로 말씀하시지 않고 '원한다면 … 폐지해도 좋다(samūhantu)'라고 말씀하셨는가? 세존께서는 '폐지하라'고 해도 결집 때 깟사빠(가섭) 존자가 폐지하지 않을 것이라고 아셨기 때문에 이렇게 선택할 수 있는 말씀(vikappa-vacana)을 하셨다."(DA.ii.593)
복주서에서는 "만일 원하지 않는다면 버리지 않아도 된다."(DAṬ.ii. 238)는 말씀이라고 적고 있다. 비록 부처님께서는 이렇게 사소한 것은 버려도 된다고 하셨지만 마하깟사빠 존자 등의 직계제자인 장로 스님들이 부처님이 제정하신 계를 얼마나 귀중하게 여겼는지를 알 수 있다. 이런 전통은 지금까지 면면히 이어져 남북의 모든 불교 교단에서 계목은 하나도 버리지 않고 그대로 지니고 있다. 한편 『청정도론』 I.98에서는 비구들은 세존에 대한 믿음으로 받아 지녀 학습계목을 철저하게 수지한다고 적고 있다. 사소한 계목이라 할지라도 모두 지키려고 노력하는 것이 바로 세존에 대한 절대적인 믿음의 표시이기 때문이다.

6.4. "아난다여, 내가 가고난 후에 찬나 비구149)에게는 최고의 처벌150)을 주어야 한다."

"세존이시여, 그러면 어떤 것이 최고의 처벌입니까?"

"아난다여, 찬나 비구가 자기가 하고 싶은 대로 말하더라도 비구들은 결코 그에게 말을 해서도 안되고, 훈계를 해서도 안되고, 가르쳐서도 안된다."

6.5. 그리고 나서 세존께서는 비구들을 불러서 말씀하셨다. "비구들이여, 어느 한 비구라도 부처나 법이나 승가나 도나 도닦음151)에 대해서 의심이 있거나 혼란이 있으면 지금 물

---

149) 부처님이 출가할 때 마부였던 찬나(Channa)이다. 그는 부처님께서 성도 후에 까삘라왓투를 방문하셨을 때 출가하였다. 『장로게 주석서』에 의하면 그는 부처님과 법에 대한 집착과 자만심이 너무나 강해서 출가의 이익을 체득할 수 없었다고 한다.(ThagA.i.155) 율장에는 그의 자만심과 제멋대로 하는 성질을 언급한 곳이 몇 군데 있다.(Vin.ii.23*ff*; iv.35; 113; 141 등)

150) '최고의 처벌'로 옮긴 원어는 brahma-daṇḍa이다. 이 문맥에서도 보듯이 이 처벌은 일종의 집단 따돌림으로 원어 그대로 최고(brahma)의 처벌(daṇḍa)이다. 그래서 PED에서도 *'temporary deathsentence* (한시적 사형선고)'라고 적고 있다. 세존께서는 찬나와의 인연을 중히 여기시어 임종시의 마지막 침상에 누우셔서도 그를 구제할 방법을 찾으셨다. 그래서 유훈으로 그에게 최고의 처벌을 내리라고 말씀하고 계신다. 율장에 의하면 찬나 비구는 이 처벌을 받고 정신이 들어서 자만심과 제멋대로 하는 성질을 꺾고 홀로 한거하여 열심히 정진하였으며 마침내 아라한이 되었다고 한다.(Vin.ii.292) 부처님의 대자대비를 실감케 하는 대목이다.

어라. 비구들이여, 그대들은 '우리의 스승은 면전에 계셨다. 그러나 우리는 세존의 면전에서 제대로 여쭈어 보지 못했다.'라고 나중에 자책하는 자가 되지 말라." 이렇게 말씀하셨지만 비구들은 침묵하고 있었다.

두 번째로 … 세 번째로 세존께서는 비구들을 불러서 말씀하셨다. "비구들이여, 어느 한 비구라도 부처나 법이나 승가나 도나 도닦음에 대해서 의심이 있거나 혼란이 있으면 지금 물어라. 비구들이여, 그대들은 '우리의 스승은 면전에 계셨다. 그러나 우리는 세존의 면전에서 제대로 여쭈어 보지 못했다.'라고 나중에 자책하는 자가 되지 말라." 이렇게 말씀하셨지만 비구들은 [여전히] 침묵하고 있었다.

그러자 세존께서는 비구들을 불러서 말씀하셨다. "비구들이여, 만일 그대들이 스승에 대한 존경심 때문에 묻지 않는다면 도반들끼리 서로 물어보도록 하라." 이렇게 말씀하셨지만 비구들은 [여전히] 침묵하고 있었다.

6.6. 그러자 아난다 존자가 세존께 이렇게 말씀드렸다. "세존이시여, 참으로 경이롭습니다. 세존이시여, 참으로 놀랍습니다. 세존이시여, 이 비구 승가에는 부처님이나 법이나 승

---

151) '도'로 옮긴 원어는 magga이고 '도닦음'으로 옮긴 원어는 paṭipadā이다. 이 둘의 차이는 『디가 니까야』 제1권 「마할리 경」 (D6) §14의 주해를 참조할 것.

가나 도나 도닦음에 대해서 의심이 있거나 혼란이 있는 비구는 단 한명도 없다고 제게는 청정한 믿음이 있습니다."

"아난다여, 그대는 청정한 믿음으로 말을 하는구나. 아난다여, 참으로 여기에 대해서 여래에게는 '이 비구 승가에는 부처님이나 법이나 승가나 도나 도닦음에 대해서 의심이 있거나 혼란이 있는 비구는 단 한명도 없다.'는 지혜가 있느니라. 아난다여, 이들 500명의 비구들 가운데 최하인 비구가 예류자이니152) 그는 [악취에] 떨어지지 않는 법을 가지고 [해탈이] 확실하며 정등각으로 나아가는 자이다."

6.7. 그리고 나서 세존께서는 비구들을 불러서 말씀하셨다. "비구들이여, 참으로 이제 그대들에게 당부하노니, 형성된 것들은 소멸하기 마련인 법이다. 방일하지 말고 [해야 할 바를 모두] 성취하라!"153)

---

152) "'최하인 자(pacchimaka)'란 덕(guṇa)에 의해서 최하인 자이다. 아난다 존자를 두고 한 말이다."(DA.ii.593) 아난다 존자는 아직 예류자에 머물고 있기 때문이다.
153) 이 말씀은 부처님의 최후의 유훈으로 모든 불자들 가슴에 남아 있는 말씀이다. 세존께서는 석 달 뒤에 열반에 드실 것을 예고하신 후에도 이 말씀을 하셨다.(본경 §3.51 주해 참조)
주석서에서는 다음과 같이 설명하고 있다.
"'방일하지 말고 [해야 할 바를 모두] 성취하라.'는 것은 마음챙김의 현전(sati-avippavāsa)을 통해서 해야 할 바를 모두(sabbakiccāni) 성취하라는 말씀이다. 이와 같이 세존께서는 반열반하시는 침상에 누우셔서 45년 동안 주셨던 교계(教誡, ovāda) 모두를 불방일(不放逸,

이것이 여래의 마지막 유훈이다.154)

여래의 반열반

6.8. 그러자 세존께서는 초선에 드셨다. 초선에서 출정하

---

appamāda)이라는 단어에 담아서 주셨다."(DA.ii.593)
복주서에서는 "그런데 이것은 뜻으로는 지혜를 수반한(ñāṇūpasañ-hitā) 마음챙김이다. 여기서 마음챙김의 작용(vyāpāra)은 굉장한 것 (sātisaya)이기 때문에 그래서 마음챙김의 현전이라고 설명하였다. 전체 부처님의 말씀을 다 포괄하고 있기 때문에 '불방일(appamāda) 이라는 단어에 담아서 주셨다."(DAṬ.ii.239)고 설명하고 있다. 한편 현전(現前)으로 옮긴 avippavāsa는 a(부정접두어) + vi(분리해서) + pra(앞으로) + √vas(*to stay*)에서 파생된 명사 혹은 형용사인데 '부재중이 아닌'이라는 문자적인 의미에서 '주의 깊은, 유념하는, 현전 하는' 등의 의미로 쓰인다. 한편 『디가 니까야 주석서』의 다른 곳에 서는 "불방일이란 마음챙김의 현전(마음챙김에 의한 현전)을 말한 다.(appamādo vuccati satiyā avippavāso)"(DA.i. 104)라고 해석 하고 있다. 그래서 마음챙김의 현전으로 옮겼다.
여기서도 보듯이 불방일과 동의어인 마음챙김(sati)의 현전이야말로 부처님 45년 설법을 마무리하는 굉장한(sātisaya) 가르침이라고 주 석서와 복주서는 강조하고 있다.

154) 불방일(不放逸), 즉 마음챙김의 현전을 통해서 성취해야 할 것을 성 취하라는 것이 세존께서 마지막으로 하신 말씀이다. 이것은 앞 §3.51 에서 비구들에게 석 달 뒤에 입멸할 것이라고 말씀하시면서도 하신 말씀이다. 한편 아비담마에서는 불방일을 구경법으로 간주하지 않는 다. 여기서 보듯이 불방일은 마음챙김(sati)의 동의어로 간주하기 때 문이다. 아비담마에서는 마음챙김을 유익한 마음부수법으로 분류하고 있는데, 이처럼 비구들이 성취해야 할 열반을 성취하게 하는 가장 중 요한 심리현상이기 때문이다. 『아비담마 길라잡이』 2장 <도표 2.1> 과 §5의 해설 2를 참조할 것.

신 뒤 제2선에 드셨다. 제2선에서 출정하신 뒤 제3선에 드셨다. 제3선에서 출정하신 뒤 제4선에 드셨다. 제4선에서 출정하신 뒤 공무변처에 드셨다. 공무변처의 증득에서 출정하신 뒤 식무변처에 드셨다. 식무변처의 증득에서 출정하신 뒤 무소유처에 드셨다. 무소유처의 증득에서 출정하신 뒤 비상비비상처에 드셨다. 비상비비상처의 증득에서 출정하신 뒤 상수멸에 드셨다.

그러자 아난다 존자는 아누룻다 존자에게 이렇게 말하였다.
"아누룻다 존자시여, 세존께서는 반열반하셨습니다."
"도반 아난다여, 세존께서는 반열반하시지 않았습니다. 상수멸에 드신 것입니다."

6.9. 그러자 세존께서는 상수멸의 증득에서 출정하신 뒤 비상비비상처에 드셨다. 비상비비상처의 증득에서 출정하신 뒤 무소유처에 드셨다. 무소유처의 증득에서 출정하신 뒤 식무변처에 드셨다. 식무변처의 증득에서 출정하신 뒤 공무변처에 드셨다. 공무변처의 증득에서 출정하신 뒤 제4선에 드셨다. 제4선에서 출정하신 뒤 제3선에 드셨다. 제3선에서 출정하신 뒤 제2선에 드셨다. 제2선에서 출정하신 뒤 초선에 드셨다. 초선에서 출정하신 뒤 제2선에 드셨다. 제2선에서 출정하신 뒤 제3선에 드셨다. 제3선에서 출정하신 뒤 제4선에 드셨다. 제4선에서 출정하신 뒤 바로 다음에155) 세존께서는 반열반하셨다.

6.10. 세존께서 반열반하시자 반열반과 함께 두려움과 공포의 전율을 일으키는 큰 지진이 있었으며 천둥번개가 내리쳤다. 세존께서 반열반하시자 반열반과 함께 사함빠띠 범천은 이

---

155) '바로 다음'으로 옮긴 원어는 samanantarā이다. 혹자들은 세존께서는 제4선에서 열반하셨다고 대충 말한다. 그러나 경은 이렇게 제4선에서 출정하신 바로 다음에 즉시 반열반하셨다고 기술하고 있다. 주석서의 설명을 살펴보자.
"'바로 다음(samanantarā)'이란 '禪(jhāna)의 바로 다음'과 '반조(返照, paccavekkhaṇā)의 바로 다음'이라는 두 가지가 있다. 첫째, 禪에서 출정한 뒤에 바왕가로 들어가서, 거기서 반열반에 드는 것을 '禪의 바로 다음'이라 한다. 둘째, 禪에서 출정한 뒤 다시 선의 구성요소들을 반조한 뒤에 바왕가로 들어가서, 거기서 반열반에 드는 것을 '반조의 바로 다음'이라 한다.
이러한 두 가지 '바로 다음' 가운데서 세존께서는 禪을 증득하시고 禪에서 출정하신 뒤 선의 구성요소들을 반조하신 후에, 무기(無記, abyākata)요 괴로움의 진리[苦諦]인 바왕가의 마음으로 반열반하셨다. 부처님들이나 벽지불들이나 성제자들은 누구 할 것 없이 적어도 [아주 작은] 개미와 [같은 순간을] 취한 뒤(kunthakipillikaṁ upādāya), 무기요 괴로움의 진리인 바왕가의 마음으로 임종을 맞는다."(DA.ii.594~95)
부연하자면, 우리가 거칠게 볼 때는 삼매에 드셔서 반열반하신 것 같거나 좀 더 미세하게 관찰하면 삼매에서 출정하신 뒤 바로 반열반하신 것 같아 보이지만 아비담마의 정밀한 눈으로 관찰해 보면 부처님을 위시한 모든 깨달은 분들은 이처럼 반드시 바왕가의 마음상태에서, 그것도 괴로움의 진리를 통해서 반열반하신다는 뜻이다. 물론 모든 유정들도 죽을 때는 반드시 바왕가(죽음의 마음)의 상태에서 죽는다.
출정과 반조 등은 『아비담마 길라잡이』 9장 §18과 §34의 주해와 『청정도론』 XXII.19 등을 참조할 것.

런 게송을 읊었다.

> "세상의 모든 존재들은 필경에는 몸을 내려놓는구나.
> 이 세상 그 누구와도 견줄 수 없는 스승
> 힘을 갖추셨고 바르게 깨달으신 여래
> 그분도 이처럼 반열반하시는구나!"

세존께서 반열반하시자 반열반과 함께 신들의 왕인 삭까(인드라)는 이런 게송을 읊었다.

> "형성된 것들은 참으로 무상하여
> 일어났다가는 사라지는 법
> 일어났다가는 소멸하나니
> 이들의 가라앉음이 행복이로다."

세존께서 반열반하시자 반열반과 함께 아누룻다 존자는 이런 게송을 읊었다.

> "들숨날숨이 없으신 분, 확고부동하신 분,
> 여여하신 분, 욕망을 여의신 분,
> 성인께서는 고요함으로 가셨네.
> 흔들림 없는 마음으로 [괴로운] 느낌 감내하셨으니
> 등불이 꺼지듯 그렇게 그분의 마음은 해탈하셨네."

세존께서 반열반하시자 반열반과 함께 아난다 존자는 이런 게송을 읊었다.

> "[최상의 계행 등] 모든 덕을 구족하신
> 정등각께서 반열반하셨을 때
> 그때 [생긴 지진은] 무서웠고,
> 그때 [생긴 지진은] 모골이 송연했네."

세존께서 반열반하시자 반열반과 함께 애정을 버리지 못한 비구들156)은 손을 마구 흔들면서 울부짖고 다리가 잘린 듯이 넘어지고 이리 뒹굴고 저리 뒹굴면서, "세존께서는 너무 빨리 반열반하시는구나. 너무 빨리 선서께서는 반열반하시는구나. 너무 빨리 눈을 가진 분이 세상에서 사라지시는구나."라고 하였다.

---

156) "애정을 버리지 못한 비구들에는 범부들뿐만 아니라 예류자와 일래자도 포함된다. 왜냐하면 이들에겐 아직 슬픔(domanassa)이 남아있기 때문이다. 그래서 울부짖으면서 슬퍼한다."(DA.ii.595)
열 가지 족쇄 가운데 감각적 욕망의 족쇄와 적의의 족쇄는 불환자가 되어야 소멸한다. 그러므로 예류자와 일래자는 아직 애정이 남아있는 것이다.(열 가지 족쇄는 『아비담마 길라잡이』 1장 §28의 해설을 참조할 것)
본문에서 애정으로 옮긴 단어는 rāga인데 다른 문맥에서는 탐욕, 욕망 등으로도 옮겼다. 여기서는 세존에 대한 애착을 뜻하므로 애정이라 옮겼다.

그러나 애정을 벗어난 비구들은 마음챙기고 알아차리면서, "형성된 것들은 무상하다. 그러니 여기서 [슬퍼함이] 무슨 소용이 있겠는가?"라고 하였다.

6.11. 그러자 아누룻다 존자는 비구들을 불러서 말하였다.

"도반들이여, 이제 그만하십시오. 슬퍼하지 마십시오. 탄식하지 마십시오. 도반들이여, 참으로 세존께서는 전에 사랑스럽고 마음에 드는 모든 것과는 헤어지기 마련이고 없어지기 마련이고 달라지기 마련이라고 그처럼 말씀하시지 않으셨습니까? 도반들이여, 그러므로 태어났고 존재했고 형성된 것은 모두 부서지기 마련인 법이거늘 그런 것을 두고 '절대로 부서지지 말라.'고 한다면 그것은 있을 수 없는 일입니다. 그런 경우란 존재하지 않습니다. 도반들이여, 신들이 푸넘합니다."

"아누룻다 존자시여, 그러면 아누룻다 존자는 어떠한 신들을 마음에 잡도리합니까?"

"도반 아난다여, 허공에서 [땅을 창조하여] 땅의 인식을 가진 신들이 있습니다. 그들은 머리칼을 뜯으면서 울부짖고 손을 마구 흔들면서 울부짖고 다리가 잘린 듯이 넘어지고 이리 뒹굴고 저리 뒹굴면서 '세존께서는 너무 빨리 반열반하려 하시는구나. 너무 빨리 선서께서는 반열반하려 하시는구나. 너무 빨리 눈을 가진 분이 세상에서 사라지려 하시는구나.'라고 합니다.

도반 아난다여, 땅에서 [땅을 창조하여] 땅의 인식을 가진 신들이 있습니다. 그들은 머리칼을 뜯으면서 울부짖고 손을 마구 흔들면서 울부짖고 다리가 잘린 듯이 넘어지고 이리 뒹굴고 저리 뒹굴면서 '세존께서는 너무 빨리 반열반하려 하시는구나. 너무 빨리 선서께서는 반열반하려 하시는구나. 너무 빨리 눈을 가진 분이 세상에서 사라지려 하시는구나.'라고 합니다.

그러나 애정을 벗어난 신들은 마음챙기고 알아차리면서 '형성된 것들은 무상하다. 그러니 여기서 [울부짖는다 해서] 무슨 소용이 있겠는가?'라고 합니다."

6.12.
그러자 아누룻다 존자는 아난다 존자를 불러서 말하였다.

"도반 아난다여, 가시오. 그대는 꾸시나라에 들어가서 꾸시나라에 사는 말라들에게 이렇게 말하시오. '와셋타들이여, 세존께서 반열반하셨습니다. 와셋타들이여, 지금이 [그대들이 방문하기에] 적당한 시간입니다.'라고"

"그렇게 하겠습니다, 존자시여."라고 아난다 존자는 아누룻다 존자에게 대답한 뒤 오전에 옷매무새를 가다듬고 발우와 가사를 수하고 동료와 함께 꾸시나라로 들어갔다.

그 무렵에 꾸시나라에 사는 말라들은 어떤 일 때문에 집회소에 함께 모여 있었다. 그때 아난다 존자는 꾸시나라에 사는 말라들의 집회소로 다가갔다. 가서는 꾸시나라의 말라들에게 이렇게 일렀다.

"와셋타들이여, 세존께서 반열반하셨습니다. 와셋타들이여, 지금이 [그대들이 방문하기에] 적당한 시간입니다."라고.

아난다 존자의 이런 말을 듣고서 말라들과 말라의 아들들과 말라의 며느리들과 말라의 아내들은 괴롭고 슬프고 정신적인 공황상태에 빠져 어떤 자들은 머리칼을 뜯으면서 울부짖고 손을 마구 흔들면서 울부짖고 다리가 잘린 듯이 넘어지고 이리 뒹굴고 저리 뒹굴면서 "세존께서는 너무 빨리 반열반하시는구나. 너무 빨리 선서께서는 반열반하시는구나. 너무 빨리 눈을 가진 분이 세상에서 사라지시는구나."라고 하였다.

부처님 존체(尊體)에 예배함

6.13. 그리고 꾸시나라에 사는 말라들은 사람들에게 꾸시나라로 향과 화환을 가져오게 하고 모든 음악가들을 모이도록 하였다. 그러자 꾸시나라에 사는 말라들은 향과 화환을 가져오고 모든 음악가들을 모으고 500필의 천을 가지고 근처에 있는 말라들의 살라 숲으로 세존의 존체가 있는 곳으로 다가갔다. 가서는 춤과 노래와 음악과 화환과 향으로 세존의 존체를 존경하고 존중하고 숭상하고 예배하고 천으로 차일을 치고 둥근 천막을 만들면서 이와 같이 하여 그날을 보냈다.

그때 꾸시나라의 말라들에게 이런 생각이 들었다. "오늘 세존의 존체를 화장하는 것은 참으로 바른 시간이 아니다. 우리는 내일 세존의 존체를 화장해야겠다."

그러자 꾸시나라에 사는 말라들은 춤과 노래와 음악과 화환과 향으로 세존의 존체를 존경하고 존중하고 숭상하고 예배하고 천으로 차일을 치고 둥근 천막을 만들면서 이와 같이 하여 둘째 날을 보냈고, 셋째 날을 보냈고, 넷째 날을 보냈고, 다섯째 날을 보냈고, 여섯째 날을 보냈다.157)

6.14 그리고 칠 일째에 꾸시나라에 사는 말라들에게 이런 생각이 들었다. "우리는 춤과 노래와 음악과 화환과 향으로 세존의 존체를 존경하고 존중하고 숭상하고 예배하면서 도시의 남쪽으로 운구해서 도시의 남쪽 밖에서 세존의 존체를 화장하리라."

그 무렵에 여덟 명의 말라의 수장들은 머리를 깎고 새 옷으로 갈아입고, '세존의 존체를 운구하리라.' 하였지만 들어올릴 수가 없었다. 그러자 꾸시나라에 사는 말라들은 아누룻다 존자에게 이렇게 말했다.

"아누룻다 존자시여, 무슨 이유 때문에 우리 여덟 명의 말라의 수장들이 머리를 깎고 새 옷으로 갈아입고 '세존의 존체

---

157) 왜 말라들이 '내일(sve) 세존의 존체를 화장하리라.'고 하고서도 7일을 보냈는지 주석서에서는 설명이 없다.

를 운구하리라.'하였지만 들어올릴 수가 없습니까?"

"와셋타들이여, 그대들이 뜻하는 바와 신들이 뜻하는 바가 다르기 때문입니다."

6.15. "존자시여, 그러면 신들이 뜻하는 바는 무엇입니까?"

"와셋타들이여, 그대들이 뜻하는 바는 '우리는 춤과 노래와 음악과 화환과 향으로 세존의 존체를 존경하고 존중하고 숭상하고 예배하면서 도시의 남쪽으로 운구해서 도시의 남쪽 밖에서 세존의 존체를 화장하리라.'는 것입니다. 와셋타들이여, 그러나 신들이 뜻하는 바는 '우리는 춤과 노래와 음악과 화환과 향으로 세존의 존체를 존경하고 존중하고 숭상하고 예배하면서 도시의 북쪽으로 운구해서 도시의 북문으로 도시에 들어간 뒤, 도시의 가운데로 운구해서 다시 동쪽 문으로 나가서 도시의 동쪽에 있는 마꾸따반다나라는 말라들의 탑묘에서 세존의 존체를 화장하리라.'라는 것입니다."

"존자시여, 그러면 신들이 뜻하는 바대로 하겠습니다."

6.16. 그 무렵에 꾸시나라에는 하수구와 쓰레기 더미에조차 무릎까지 차도록 만다라와 꽃이 [하늘에서] 내렸으며, 신들과 꾸시나라의 말라들은 하늘과 인간의 춤과 노래와 음악과 화환과 향으로 세존의 존체를 존경하고 존중하고 숭상하고 예배하면서 도시의 북쪽으로 운구해서 도시의 북문으로 도시에

들어간 뒤, 도시의 가운데로 운구해서 다시 동쪽 문으로 나가서 도시의 동쪽에 있는 마꾸따반다나라는 말라들의 탑묘에 세존의 존체를 내려놓았다.

6.17. 그리고 나서 꾸시나라에 사는 말라들은 아난다 존자에게 이렇게 말했다.

"아난다 존자시여, 저희들이 어떻게 여래의 존체에 대처해야 합니까?"

"와셋타들이여, 전륜성왕의 유체에 대처하듯이 여래의 유체에도 대처하면 됩니다."

"아난다 존자시여, 그러면 어떻게 전륜성왕의 유체에 대처합니까?"

"와셋타들이여, 전륜성왕의 유체는 새 천으로 감쌉니다. 새 천으로 감싼 뒤 새 솜으로 감쌉니다. 새 솜으로 감싼 뒤 [다시] 새 천으로 감쌉니다. 이런 방법으로 500번을 전륜성왕의 유체를 감싼 뒤 황금으로 [만든] 기름통에 넣고, 황금으로 만든 다른 통으로 덮은 뒤, 모든 향으로 장엄을 하여 전륜성왕의 유체를 화장합니다. 그리고 큰 길 사거리에 전륜성왕의 탑을 조성합니다. 와셋타들이여, 이와 같이 전륜성왕의 유체에 대처합니다. 와셋타들이여, 전륜성왕의 유체에 대처하듯이 여래의 유체에도 대처해야 합니다. 그리고 큰 길 사거리에 여래의 탑을 조성해야 합니다. 거기에 화환이나 향이나 향가루를 올리거나 절을 하거나 마음으로 청정한 믿음을 가지는 자들에게는 오랜 세월 이익과 행복이 있을 것입니다."

6.18. 그러자 꾸시나라에 사는 말라들은 사람들에게, "말라들의 새 솜을 모두 모아오라."고 하였다. 그리고 꾸시나라에 사는 말라들은 세존의 존체를 새 천으로 감쌌다. 새 천으로 감싼 뒤 새 솜으로 감쌌다. 새 솜으로 감싼 뒤 [다시] 새 천으로 감쌌다. 이런 방법으로 500번을 세존의 존체를 감싼 뒤 황금으로 [만든] 기름통에 넣고, 황금으로 만든 다른 통으로 덮은 뒤, 모든 향으로 장엄을 하고 모든 향기로운 나무로 화장용 장작더미를 만들어서 세존의 존체를 그 위에 올렸다.

마하깟사빠 존자의 일화

6.19. 그 무렵에 마하깟사빠(대가섭) 존자는 500명의 많은 비구 승가와 함께 빠와로부터 꾸시나라로 통하는 대로를 따라가다가 길에서 나와 멀지 않은 곳에 있는 어떤 나무 아래 낮 동안의 머묾을 위해서 앉아 있었다. 그때 어떤 아지와까158)가

---

158) 아지와까(Ājīvaka)는 중국에서 사명외도(邪命外道)로 옮겨져서 우리에게 알려져 있다. 아지와까는 생계수단을 뜻하는 ājīva에서 파생된 단어인데 그들은 바르지 못한 생계수단으로 삶을 영위하고 있다고 이해했기 때문에 중국에서 사명외도로 옮겼다. 그래서 학계에서는 아지와까라는 이름은 불교를 위시한 다른 종교집단에서 붙인 이름이라고 보고 있다. 주석서에 의하면 아지와까는 나체수행자(nagga-pari-

꾸시나라로부터 만다라와 꽃을 가지고 빠와로 가는 대로를 따라가고 있었다. 마하깟사빠 존자는 그 아지와까가 멀리서 오는 것을 보고서 그에게 이렇게 말했다.

"도반이여, 우리 스승에 대해서 아십니까?"

"물론이지요, 도반이여. 저는 알고 있습니다. 오늘부터 7일 전에 사문 고따마께서는 반열반하셨습니다. 거기서 나는 이 만다라와 꽃을 가지게 되었습니다."

그러자 애정을 버리지 못한 비구들은 손을 마구 흔들면서 울부짖고 다리가 잘린 듯이 넘어지고 이리 뒹굴고 저리 뒹굴면서 "세존께서는 너무 빨리 반열반하시는구나. 너무 빨리 선서께서는 반열반하시는구나. 너무 빨리 눈을 가진 분이 세상에서 사라지시는구나."라고 하였다.

그러나 애정을 벗어난 비구들은 마음챙기고 알아차리면서, "형성된 것들은 무상하다. 그러니 여기서 [슬퍼하는 것이] 무슨 소용이 있겠는가?"라고 하였다.

6.20. 그때 수밧다라는 늦깎이159)가 그 회중에 앉아 있었

---

bbājaka)들이었다.(AA. iii.334) DPPN에 의하면 그들은 막칼리 고살라(『디가 니까야』 제1권 「사문과경」 (D2) §19 주해 참조)의 제자들이었다고 한다. 아지와까 교단은 불교와 자이나교와 함께 아소까 대왕 때까지도 남아있었으며 그래서 아소까 대왕이 그들을 위해서 보시를 하기도 하였다고 한다.(Barua 1943, 34쪽; 215~216쪽)

159) '늦깎이'로 옮긴 원어는 buddhapabbajita이다. buddha는 √vṛdh(*to*

다. 늦깎이 수밧다는 비구들에게 이렇게 말했다. "도반들이여, 이제 그만하십시오. 슬퍼하지 마십시오. 탄식하지 마십시오. 도반들이여, 우리는 이제 그러한 대사문으로부터 속 시원하게 해방되었습니다. 우리는 '이것은 그대들에게 적당하다. 이것은 그대들에게 적당하지 않다.'라고 늘 간섭받았습니다. 그러나 이제 우리들은 무엇이든 원하는 것은 할 수 있고 무엇이든 원하지 않는 것은 하지 않을 수 있게 되었습니다."160)

그러자 마하깟사빠 존자는 비구들을 불러서 말하였다. "도반들이여, 이제 그만하십시오. 슬퍼하지 마십시오. 탄식하지 마십시오. 도반들이여, 참으로 세존께서는 전에 사랑스럽고

---

grow)의 과거분사로 '나이 든'이란 뜻이고 pabbajita는 '출가한'이란 의미이다. 그래서 전체를 늦깎이라고 옮겼다.

여기서 주의할 점은 이 늦깎이 수밧다와 본경 §5.23∼30에 나타나는 수밧다는 다른 인물이라는 것이다. 불교 교단에는 같은 이름이 아주 많았다. 그래서 이미 초기경에서부터 다른 칭호를 이름 앞에 붙여서 구분하고 있다. 예를 들면 두타제일이요 결집을 주도한 깟사빠 존자는 마하 깟사빠(Mahā Kassapa)로, 불을 섬기다 출가한 가섭 삼형제는 우루웰라 깟사빠(Uruvela Kassapa)로, 나체수행자였다 부처님 제자로 출가한 깟사빠는 아쩰라 깟사빠(Acela Kassapa) 등으로 구분하여 부른다. 그래서 여기서도 어처구니없는 말을 해대는 수밧다를 '늦깎이 수밧다'로 부르고 있는 것이다.

160) 율장 등에 의하면 마하깟사빠 존자는 늦깎이 수밧다가 한 이 말을 기억하고, 법과 율을 서둘러 결집하지 않으면 오래지 않아 정법(正法)이 사라질 것이라고 우려하여, 결집을 주도하게 되었다고 한다.(Vin.i. 5; 『디가 니까야』 제3권 부록 『디가 니까야 주석서』 서문 §6도 참조할 것)

마음에 드는 모든 것과는 헤어지기 마련이고 없어지기 마련이고 달라지기 마련이라고 그처럼 말씀하시지 않으셨습니까? 도반들이여, 그러니 여기서 [그대들이 슬퍼하는 것이] 무슨 소용이 있겠습니까? 도반들이여, 태어났고 존재했고 형성된 것은 모두 부서지기 마련인 법이거늘 그런 것을 두고 '절대로 부서지지 말라.'고 한다면 그것은 있을 수 없는 일입니다."

6.21. 그때 네 명의 말라의 수장들이 머리를 깎고 새 옷으로 갈아입고 '우리는 세존의 화장용 장작더미에 불을 붙이리라.'라고 하였지만 불을 붙일 수가 없었다. 그러자 꾸시나라에 사는 말라들은 아누룻다 존자에게 이렇게 말했다.

"아누룻다 존자시여, 무슨 이유 때문에 우리 네 명의 말라들의 수장들이 머리를 깎고 새 옷으로 갈아입고 '우리는 세존의 화장용 장작더미에 불을 붙이리라.'라고 하였지만 불을 붙일 수가 없습니까?"

"와셋타들이여, 그대들이 뜻하는 바와 신들이 뜻하는 바가 다르기 때문입니다."

"존자시여. 그러면 신들이 뜻하는 바는 무엇입니까?"

"와셋타들이여, 그대들이 뜻하는 바는 '우리는 세존의 화장용 장작더미에 불을 붙이리라.'는 것입니다. 와셋타들이여, 그러나 신들이 뜻하는 바는 '그분 마하깟사빠 존자가 500명의 많은 비구 승가와 함께 빠와로부터 꾸시나라로 통하는 대로를 따라 오고 있다. 마하깟사빠 존자가 세존의 발에 머리로 절을 하기 전에는 세존의 화장용 장작더미가 타지말기를!'이라는 것입니다."

"존자시여, 그러면 신들이 뜻하는 바대로 하겠습니다."

6.22. 그때 마하깟사빠 존자가 꾸시나라의 마꾸따반다나라는 말라들의 탑묘에 있는 세존의 화장용 장작더미로 왔다. 와서는 한쪽 어깨가 드러나게 옷을 입고 합장하고 화장용 장작더미를 오른쪽으로 세 번 돌아 [경의를 표한] 뒤 발쪽을 열고161) 세존의 발에 머리로 절을 올렸다. 함께 온 500명의 비

---

161) 원어는 pādato(발로부터) vivaritvā(연 뒤)이고 이를 직역하여 '발쪽을 열고'라고 옮겼다. 그러나 미얀마본에는 이 부분이 빠져 있다.
한편 주석서에는 중국 선종의 삼처전심(三處傳心) 가운데 마지막인 곽시쌍부(槨示雙趺)에 견줄 수 있는 흥미로운 대목이 나타난다. 이것을 옮겨본다.
"[마하깟사빠 장로는 세존의] 발의 근처에 서서 신통지의 기초(abhiññā-pādaka)가 되는 제4선에 들었다가 출정해서(vuṭṭhāya) '열 가지 힘[十力]을 가지신 [부처님의] 두 발이 500겹으로 싸인 천과 황금통과 장작더미를 둘로 열어 제치고, 우리의 제일 높은 머리에 놓이게 되기를'이라고 결심하였다. 이렇게 결심하는 마음(adhiṭṭhāna-citta)과 더불어 500겹의 천을 둘로 열어 제치고 마치 먹구름 사이에서 보름달이 나타나듯이 두 발이 나왔다."(DA.ii.603)
이러한 주석서의 전통이 중국 선종에서는 곽시쌍부로 정착이 된 듯하다. 그러나 분명한 것은 상좌부 주석서는 이것을 마하깟사빠 존자의 신통력에 의해서 이루어진 것으로 설명하고 있다는 점이다. 위 주석서의 인용에서도 보듯이 신통지는 항상 제4선과 연결되어 있다. 신통에 관계된 이러한 상세한 기술은 『청정도론』 XIII장에 나타나므로 참

구들도 한쪽 어깨가 드러나게 옷을 입고 합장하고 화장용 장작더미를 오른쪽으로 [세 번] 돌아 [경의를 표한] 뒤 발쪽을 열고 세존의 발에 머리로 절을 올렸다. 마하깟사빠 존자와 500명의 비구들이 절을 하자 세존의 화장용 장작불은 저절로 타올랐다.

6.23. 세존의 존체는 표피와 속 살갗과 살점과 힘줄과 관절 활액은 모두 다 타고 재도 먼지도 없이 오직 사리들만이 남았다.162) 마치 버터기름이나 참기름이 타면 재도 먼지도 없는 것처럼 세존의 존체도 표피와 속 살갗과 살점과 힘줄과 관절 활액은 모두 다 타고 재도 먼지도 없이 오직 사리들만이 남았다. 500겹을 둘러싼 천들도 가장 안쪽에 있는 것과 가장 바깥에 있는 두 개의 천조차도 모두 다 탔다.

세존의 존체가 다 타자 허공에서 물줄기가 나타나서 세존의 화장용 장작더미를 껐다. 살라 나무로부터도 물이 나와서 세

조할 것.
162) 본경 §5.10의 주해에서 밝혔듯이 존체(尊體)나 유체(遺體)로 번역한 원어도 sarīra이고 여기서 사리로 음역한 단어도 sarīra이다. 주석서에서는 이 둘을 다음과 같이 구분하고 있다.
"앞에서는 하나의 덩어리(eka-gghana)로 남아 있었기 때문에 사리라(유체)라고 하였다. 여기서는 흩어졌기 때문에(vippakiṇṇattā) 사리라(사리)라고 불리나니, 재스민 꽃봉오리(sumana-makuḷa)와 같고, 깨끗한 진주(dhota-mutta)와 같고, 황금과 같은 유골(dhātu)들이 남았다는 뜻이다."(DA.ii.603~604)

존의 화장용 장작더미를 껐다. 꾸시나라에 사는 말라들은 모든 종류의 향수로 세존의 화장용 장작더미를 껐다.

그리고 나서 꾸시나라에 사는 말라들은 집회소에 격자 모양의 통을 만들고 [그 주위에 다시] 활로 된 벽을 만든 뒤 칠 일 동안 춤과 노래와 음악과 화환과 향으로 세존의 사리들을 존경하고 존중하고 숭상하고 예배하였다.

사리 분배

6.24. 이때 마가다의 왕 아자따삿뚜 웨데히뿟따는 세존께서 꾸시나라에서 반열반하셨다고 들었다. 그러자 마가다의 왕 아자따삿뚜 웨데히뿟따는 꾸시나라에 사는 말라들에게 사자(使者)를 보내서 "세존께서도 *끄샤뜨리야*이시고 짐도 *끄샤뜨리야*이니 짐도 세존의 사리들 가운데 일부분을 가져갈 자격이 있습니다. 나는 세존의 사리들로 큰 탑을 만들 것입니다."라고 전하였다.

웨살리에 사는 릿차위들도 세존께서 꾸시나라에서 반열반하셨다고 들었다. 그러자 웨살리에 사는 릿차위들은 꾸시나라에 사는 말라들에게 사자를 보내서 "세존께서도 *끄샤뜨리야*이시고 우리도 *끄샤뜨리야*이니 우리도 세존의 사리들 가운데 일부분을 가져갈 자격이 있습니다. 우리는 세존의 사리들로 큰 탑을 만들 것입니다."라고 전하였다.

까뻴라왓투에 사는 사꺄들도 세존께서 꾸시나라에서 반열반하셨다고 들었다. 그러자 까뻴라왓투에 사는 사꺄들은 꾸시나라에 사는 말라들에게 사자를 보내서 "세존께서는 우리 종족의 최고어른이시니 우리도 세존의 사리들 가운데 일부분을 가져갈 자격이 있습니다. 우리는 세존의 사리들로 큰 탑을 만들 것입니다."라고 전하였다.

알라깝빠에 사는 불리들도 세존께서 꾸시나라에서 반열반하셨다고 들었다. 그러자 알라깝빠에 사는 불리들은 꾸시나라에 사는 말라들에게 사자를 보내서 "세존께서도 *끄샤뜨리야*이시고 우리도 *끄샤뜨리야*이니 우리도 세존의 사리들 가운데 일부분을 가져갈 자격이 있습니다. 우리는 세존의 사리들로 큰 탑을 만들 것입니다."라고 전하였다.

라마가마에 사는 꼴리야들도 세존께서 꾸시나라에서 반열반하셨다고 들었다. 그러자 라마가마에 사는 꼴리야들은 꾸시나라에 사는 말라들에게 사자를 보내서 "세존께서도 *끄샤뜨리야*이시고 우리도 *끄샤뜨리야*이니 우리도 세존의 사리들 가운데 일부분을 가져갈 자격이 있습니다. 우리는 세존의 사리들로 큰 탑을 만들 것입니다."라고 전하였다.

웨타디빠에 사는 바라문도 세존께서 꾸시나라에서 반열반하셨다고 들었다. 그러자 웨타디빠에 사는 바라문은 꾸시나라에 사는 말라들에게 사자를 보내서 "세존께서는 *끄샤뜨리야*

이시고 나는 바라문이니 나도 세존의 사리들 가운데 일부분을 가져갈 자격이 있습니다. 나는 세존의 사리들로 큰 탑을 만들 것입니다."라고 전하였다.

빠와에 사는 말라들도 세존께서 꾸시나라에서 반열반하셨다고 들었다. 그러자 빠와에 사는 말라들은 꾸시나라에 사는 말라들에게 사자를 보내서 "세존께서도 끄샤뜨리야이시고 우리도 끄샤뜨리야이니 우리도 세존의 사리들 가운데 일부분을 가져갈 자격이 있습니다. 우리는 세존의 사리들로 큰 탑을 만들 것입니다."라고 전하였다.

6.25. 이렇게 말하였을 때, 꾸시나라에 사는 말라들은 그 대중과 무리에게 이렇게 말하였다. "세존께서는 우리 마을의 땅에서 반열반하셨습니다. 그러므로 우리는 세존의 사리들을 나누어 가지지 않겠습니다."163)

이렇게 말하자, 도나 바라문164)이 그 대중과 무리에게 이렇

---

163) 주석서에서는 이들 일곱 군데의 전령들이 와서 "우리에게 사리를 주거나 전쟁을 하거나 하자(amhākaṁ dhātuyo vā dentu, yuddhaṁ vā)"(DA.ii.607)고 하였다고 적고 있으며 여기에 대해서 꾸시나라 사람들은 "당신들도 당신들의 땅에서 난 보배를 우리에게 주지 않듯이 우리도 우리의 땅에서 난 보배를 줄 수 없다."고 하였으며 만일 전쟁이 난다면 부처님의 사리를 친견하러 온 신들이 꾸시나라의 편에 있었기 때문에 그들이 이기도록 했을 것이라고 소개하면서, "그러나 경에는 단지 '우리는 세존의 사리들을 나누어 가지지 않겠습니다.'라고만 밝히고 있다."(*Ibid*)고 설명하고 있다.

게 말했다.

> "존자들이여, 나의 제안을 들어 보시오.
> 우리의 부처님은 인욕을 설하신 분입니다.
> 최고이신 어른의 사리 분배를 두고
> 싸움이 일어난다면 그건 좋지 못합니다.
> 존자들이여, 모두 우정을 가지고 화합하며
> 서로 사이좋게 분배해 나눕시다.
> 널리 사방에 탑들을 만드십시오.
> 많은 사람들이 눈을 가지신 분께
> 청정한 믿음을 가지도록."

"바라문이여, 그렇다면 그대가 세존의 사리들을 여덟 등분으로 공평하게 잘 분배하십시오."165)

---

164) 『앙굿따라 니까야』에 의하면 도나 바라문(Doṇa brahmana)은 욱깟따에서 세따뱌로 가는 길에서 부처님의 족적을 보고 찾아뵈었다고 한다.(A.ii.37f)『앙굿따라 니까야 주석서』에 의하면 부처님의 설법을 듣고 그는 불환과를 얻었다고 하며(AA.iii.77), 두 바나와라 분량(500게송 정도)의 '도나의 환호(Doṇagajjita)'라는 세존을 칭송하는 시를 지었다고 한다. 그는 아주 잘 알려진 바라문 학자였다고 하며, 사리 배분을 놓고 벌어진 일촉즉발의 이러한 분쟁을 이 시를 읊어서 가라앉혔다고 한다.(DA.ii.608; AA.iii.77)
165) 『디가 니까야 주석서』 서문에 의하면 세존께서는 웨사카 달(음4월)의 보름날 새벽에 반열반하셨고, 칠 일간을 존체에 예경을 한 뒤, 칠 일 동안은 화장을 하였으며, 다시 칠 일간은 집회소에서 사리에 예배하였다고 한다. 이렇게 21일이 지난 후 젯타물라 달의 상현의 5일째

"그렇게 하겠습니다, 존자들이여."라고 도나 바라문은 그 대중들과 무리들에게 대답한 뒤 세존의 사리들을 여덟 등분으로 공평하게 잘 배분하여 대중과 무리들에게 이렇게 말했다.

"존자들이여, 이 [사리]함은 제게 주십시오. 나도 [사리]함으로 큰 탑을 만들 것입니다."

그들은 도나 바라문에게 [사리]함을 주었다.

6.26. 삡팔리 숲에 사는 모리야들도 세존께서 꾸시나라에서 반열반하셨다고 들었다. 그러자 삡팔리 숲에 사는 모리야들은 꾸시나라에 사는 말라들에게 사자를 보내서 "세존께서도 *끄샤뜨리야*이시고 우리도 *끄샤뜨리야*이니 우리도 세존의 사리들 가운데 일부분을 가져갈 자격이 있습니다. 우리는 세존의 사리들로 큰 탑을 만들 것입니다."라고 전하였다.

"세존의 사리들 가운데 분배할 것이 없습니다. 세존의 사리들은 모두 분배하였습니다. 이곳에서 숯이라도 가져가십시오."

그들은 거기서 숯을 가져갔다.

날(음5월 5일)에 사리를 분배하였다고 한다. 이 사리를 분배하는 날에 많은 비구 승가가 운집하였는데 마하깟사빠 존자가 40일 후에 라자가하의 칠엽굴에서 대합송을 하여 법과 율을 결집하자고 대중공사를 하여 승가는 그렇게 하기로 결정하였다고 한다. 그래서 그들은 아살하 달(음6월) 보름에 대합송을 시작하여 장장 7개월에 걸쳐서 법과 율을 합송해내었다고 한다. 이것을 우리는 일차합송 혹은 일차결집이라 부른다. 상세한 것은 『디가 니까야』 제3권 부록 『디가 니까야 주석서』 서문 §18(DA.i.6), §69(DA.i.25) 등을 참조할 것.

사리탑의 건립

6.27. 그러자 마가다의 왕 아자따삿뚜 웨데히뿟따는 라자가하에 세존의 사리들로 큰 탑을 만들었다. 웨살리에 사는 릿차위들도 웨살리에 세존의 사리들로 큰 탑을 만들었다. 까삘라왓투의 사꺄들도 까삘라왓투에 세존의 사리들로 큰 탑을 만들었다. 알라깝빠에 사는 불리들도 알라깝빠에 세존의 사리들로 큰 탑을 만들었다. 라마가마에 사는 꼴리야들도 라마가마에 세존의 사리들로 큰 탑을 만들었다. 웨타디빠에 사는 바라문도 웨타디빠에 세존의 사리들로 큰 탑을 만들었다. 빠와에 사는 말라들도 빠와에 세존의 사리들로 큰 탑을 만들었다. 도나 바라문은 [사리]함으로 큰 탑을 만들었다. 삡팔리 숲에 사는 모리야들도 삡팔리 숲에 숯으로 큰 탑을 만들었다. 이와 같이 여덟 군데에 사리탑이, 아홉 번째로 [사리함]의 탑이, 열 번째로 숯을 담은 탑이 옛적에[166] 건립되었다.

6.28. "눈을 가지신 분의 사리는 여덟 부분으로 [분배하여] 일곱 부분은 인도 대륙에서 모시고 있다.

---

166) 주석서에서는 '옛적에(bhūta-pubbaṁ)'라는 단어는 삼차결집을 주도했던 분들(tatiyasaṅgītikārā)이 넣은 것이라고 설명하고 있다. (DA.ii.615)

최상의 인간의 한 부분은
라마가마에서 나가 왕이 모시고 있고
치아 하나는 삼십삼천이 예배하고
하나는 간다라의 도시에서 모시고 있다.
깔링가 왕이 다시 하나를 얻었으며
하나는 다시 나가 왕이 모시고 있다.
그분의 광명으로 이 영광을 가진 [땅]은 장엄되고
최상의 제사를 받을 만한 자들에 의해서
대지는 장엄되었다.
이와 같이 눈을 가진 분의 사리는
존경할 만한 분들에 의해서 존경되었다.
신의 왕과 나가의 왕과 인간의 왕의
예배를 받는 그 분은
이처럼 인간의 왕들로부터 예배 받았다.
손을 높이 합장하여 그분께 절을 올려라.
부처님은 백 겁 동안 만나기 어려우리라."[167]

「대반열반경」이 끝났다.

---

[167] 주석서에서는 이 게송은 땀바빤니 섬(Tambapaṇṇidīpa, 스리랑카)의 장로들이 읊은 것이라고 설명하고 있다.(*Ibid*)

부처님의 마지막 발자취
대반열반경

2007년 3월 20일 초판1쇄 발행
2025년 6월 10일 초판8쇄 발행

역　자 | 각묵스님
펴낸이 | 차명희
펴낸곳 | **초기불전연구원**
　　　　경남 김해시 관동로 27번길 5-79
　　　　전화 (055)321-8579
홈페이지 | http://tipitaka.or.kr
　　　　http://cafe.daum.net/chobul
이 메 일 | chobulwon@gmail.com
등록번호 | 제13-790호(2002.10.9)
계좌번호 | 국민은행 604801-04-141966 차명희
　　　　하나은행 205-890015-90404 (구.외환 147-22-00676-4) 차명희
　　　　농협 053-12-113756 차명희
　　　　우체국 010579-02-062911 차명희

ISBN 89-91743-10-6 03220

값 | 6,000원